轨道装备类校企“双元”合作开发教材

动车组内装结构设计与安装

陆丽芬　吴慧仙　主编

中国铁道出版社有限公司

2024年·北京

内 容 简 介

本书为轨道装备类校企"双元"合作开发教材之一，编写团队由院校双师型教师和企业技术专家共同组成。书中案例来源于企业真实工作场景，图文结合，便于学生学习。全书采用项目任务式结构进行编写，共分成九个项目。除动车组内装结构系统的基本认识外，分别从地板模块、侧墙模块、车顶模块、平顶模块、间壁模块、座椅及卧铺模块、行李架模块和动车组司机室对相应的结构设计与安装进行了讲解。

本书可作为高等职业院校轨道装备类高速动车组制造与维护专业核心课程教材，也可作为相关岗位技术人员的培训教材。

图书在版编目(CIP)数据

动车组内装结构设计与安装/陆丽芬，吴慧仙主编. —北京：中国铁道出版社有限公司，2021.9(2024.12 重印)
轨道装备类校企"双元"合作开发教材
ISBN 978-7-113-28139-7

Ⅰ.①动… Ⅱ.①陆… ②吴… Ⅲ.①高速动车-内部装饰-结构设计-教材 Ⅳ.①U266

中国版本图书馆 CIP 数据核字(2021)第 131848 号

书　　名： 动车组内装结构设计与安装
作　　者： 陆丽芬　吴慧仙

责任编辑： 亢丽君　　**编辑部电话：** (010)51873205　　**电子信箱：** 1728656740@qq.com
封面设计： 曾　程
责任校对： 孙　玫
责任印制： 高春晓

出版发行： 中国铁道出版社有限公司(100054，北京市西城区右安门西街 8 号)
网　　址： https://www.tdpress.com
印　　刷： 北京盛通印刷股份有限公司
版　　次： 2021 年 9 月第 1 版　2024 年 12 月第 2 次印刷
开　　本： 787 mm×1 092 mm 1/16　**印张：** 9.5　**字数：** 230 千
书　　号： ISBN 978-7-113-28139-7
定　　价： 52.00 元

前　言

随着我国产业转型升级、制造强国建设等国家战略的深入推进，为全面发展高质量职业教育，我国大力推动实施《国家职业教育改革实施方案》，提出要深化教材改革，促进校企“双元”育人。采用校企联合开发教材的模式，将行业及企业新技术、新工艺、新规范纳入教材，是职业教育适应技术进步和产业升级的重要举措。

2021 年 3 月，教育部印发《职业教育专业目录(2021 年)》，新增“高速铁路动车组制造与维护”与“城市轨道交通车辆制造与维护”两个高职专业。中国中车集团有限公司作为国家产教融合型企业、国家高端装备制造业的排头兵，积极发挥职业教育重要主体作用，结合这两个专业人才培养目标和毕业生就业岗位需求，组织多名集团级首席、资深技术、技能专家和院校教师联合开发了六本轨道交通装备制造系列教材。

本书采用“项目任务式驱动”模式构建内容体系，充分吸收企业新型生产技术，将动车组内装结构设计与安装的关键知识与技能分解到各个项目模块中，重在培养学生的实践能力，帮助学生养成必要的职业规范，并通过多元评价方式对学生所学知识和技能进行立体化综合考核。全书采用国家行业最新标准编写。

本书作为“高速铁路动车组制造与维护”专业的核心课程教材，全方位阐述、解析动车组内装结构各个模块的功能、结构与安装工艺。内容包括动车组内装结构系统概述以及地板、侧墙、车顶、平顶、间壁、座椅及卧铺、行李架、动车组司机室等关键模块的内装全景过程。

本书既可作为中等职业学校、高等职业院校及其职业本科学校的轨道装备类相关专业教学用书，也可作为相关行业领域各类职业培训教材，或供其他相关院校教学人员、企业内训师及技术人员参考。

本书按照“校企双主编”联合开发的原则，由中车南京浦镇车辆有限公司高级工程师陆丽芬和常州铁道高等职业技术学校副教授吴慧仙共同担任主编，参加本书编写的还有中车南京浦镇车辆有限公司章光明、祁德彬、刘聪，常州铁道高等职业技术学校李妍、王淑琴。

本书在编写过程中得到中国中车集团有限公司人力资源中心、中车南京浦镇车辆有限公司人力资源部等单位和部门同志的大力支持，在此对各位同仁表示由衷的感谢。

由于编者水平有限，书中疏漏及其他不足之处，恳请读者批评指正。

编者

2021 年 5 月

目　录

项目一　动车组内装结构系统概述

学习目标

1. 知识目标

(1)熟悉动车组内装结构系统的功能和构成。

(2)了解动车组内装结构设计理念。

(3)掌握动车组内装结构设计的基本要求。

(4)熟悉动车组内装结构各模块的安装技术要求。

2. 能力目标

(1)会正确辨别内装结构各模块。

(2)会说明内装结构各模块功能。

(3)能理解动车组内装结构设计的基本要求。

(4)能理解动车组内装结构的安装要求。

3. 素质目标

(1)培养学生诚实守信的职业道德。

(2)培养学生一丝不苟、精益求精的职业精神。

任务一　内装结构系统认知

任务描述

经过多年的发展，中国铁路已经掌握了设计、制造适应各种运行需求的、不同速度等级的高速动车组列车成套技术，具备极强的系统集成、适应修改、综合解决并完成本土化的自主创新能力。动车组内装结构是动车组列车的重要组成部分。本任务主要是介绍动车组列车的种类、内装结构系统功能等内容。通过本任务的学习，熟悉动车组内装结构的功能，掌握动车组内装结构的组成。

知识链接

一、列车种类

动车组列车根据用途不同，主要分为如下几种：一等座车、二等座车、二等座车/餐车(餐吧式)、二等座车/餐车(厨房式)、一等卧(软卧)车、二等卧(硬卧)车、控制车及高级软卧车等。

二、内装结构系统功能与构成

内装结构系统的功能之一，是为旅客的车上活动提供方便。如侧墙上的衣帽钩(图 1-1)

能为旅客提供挂衣帽的方便；车内两端平顶板上的灯具能为旅客提供照明；车内的指示标志可为旅客的车内活动提供指导与参考等。

图 1-1　衣帽钩

内装结构系统的功能之二，是为车内的线缆、管道、电气部件等设施提供保护。如在内装地板与车体地板间空腔内设有线槽、接地端子等；在侧墙内部，有风道及出风口布置等；间壁部位为电气控制柜提供了保护。

内装结构系统的功能之三，是为车内的设备件、电气系统提供安装环境。如在两端的间壁上安装有电气插座；在端墙上安装有电热器等。

内装结构系统主要由地板模块、侧墙模块、车顶模块、平顶模块、端墙和间壁模块、隔热材料模块、座椅及卧铺模块、行李架模块、司机室模块等组成。控制车及二等卧（硬卧）车内装结构系统组成分别如图 1-2、图 1-3 所示。

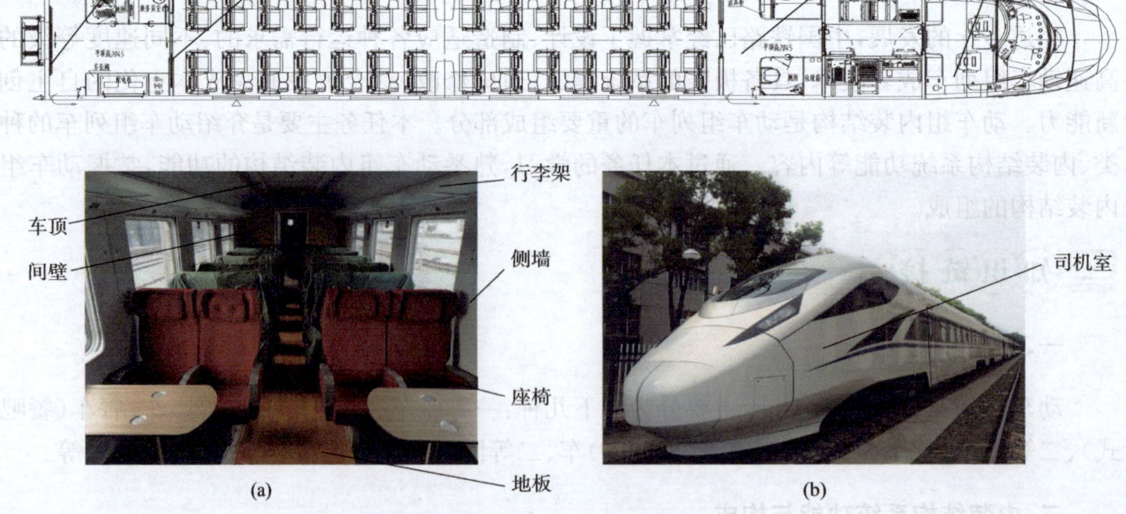

图 1-2　控制车内装结构系统组成

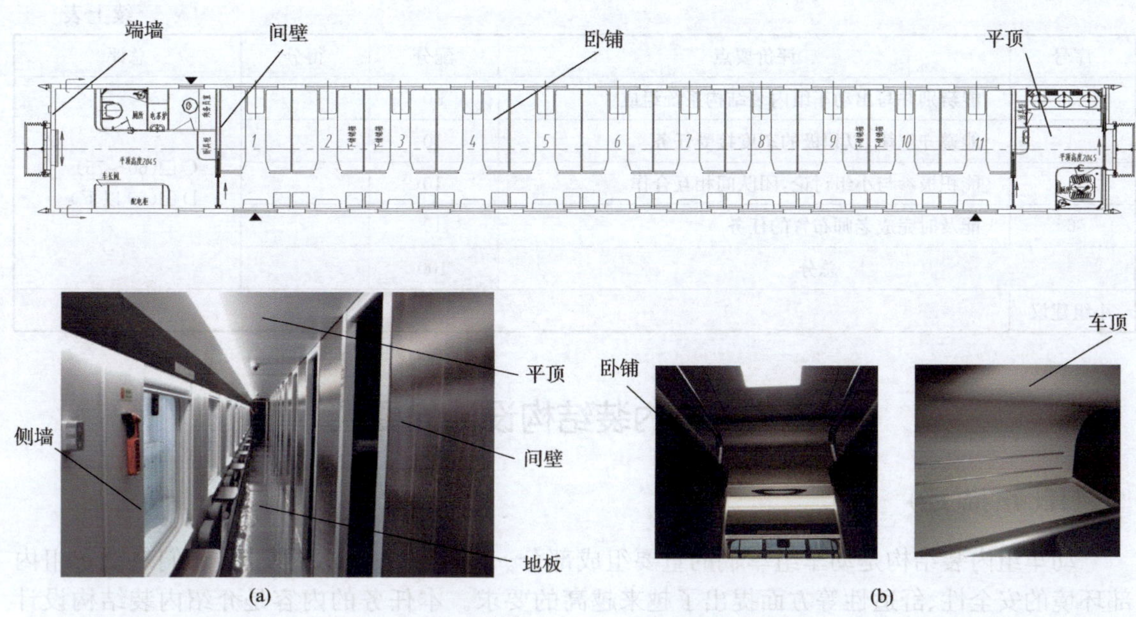

图 1-3　二等卧（硬卧）车内装结构系统组成

学习任务单

学习任务	认知内装结构系统		
目标	1. 知道动车组主要车种分类 2. 熟悉动车组内装结构系统功能 3. 熟悉动车组内装结构系统组成		
班级		姓名	
小组		日期	
【任务内容】 1. 说出动车组列车的种类和特征。 2. 说出动车组内装结构系统功能。 3. 辨别并写出动车组内装结构系统组成。			

任务评价

班级		姓名		学号		日期	
序号	评价要点				配分	得分	总评
1	能说出动车组车辆主要车种和特征				20		A □(86～100)
2	能说出动车组内装结构系统功能				20		B □(76～85)

续上表

序号	评价要点	配分	得分	总评
3	能辨别并写出动车组内装结构系统组成	30		
4	能遵守纪律、以积极的态度接受任务	10		
5	能积极参与小组讨论,团队间相互合作	10		C □(60~75) D □(60 以下)
6	能及时完成老师布置的任务	10		
总分		100		
小组建议				

任务二　内装结构设计的要求

任务描述

动车组内装结构是动车组车辆的重要组成部分。随着高铁技术的发展,人们对动车组内部环境的安全性、舒适性等方面提出了越来越高的要求。本任务的内容是介绍内装结构设计的理念和要求等。通过本任务的学习,了解内装结构设计理念,掌握内装结构设计的要求。

知识链接

一、设计理念

动车组包含总体形象、外观形象及车内结构形象设计。

总体形象设计体现出高级、先进、文化、品位及国际化和高层次品质。外观形象设计考虑界限和空气动力学性能。车内结构形象设计主要体现在先进、舒适性方面。

车内结构的人性化设计主要考虑功能性方面的要求。其目的是在满足乘坐舒适性的条件下,给予旅客以更大的方便,并对不同群体的旅客体现出更多的关爱。

模块化、系列化设计方法体现了车内结构设计上的先进性。模块化、系列化的设计使得车内结构的设计与制造既能满足较好的整体完整性要求,又能使得一些独立的部分设计具有更强的专业化。模块化、系列化设计也是工业产品设计的一个发展方向。

二、安全舒适要求

1. 列车防火安全性

列车防火安全(图 1-4)包括防火和灭火两方面。

在列车防火中,要对非金属类材料进行选择,并尽量选择不易燃或燃点高、火势蔓延速率低、发烟率低以及有毒气体含量低的材料,同时结构设计上也要考虑尽量避免火灾发生的可能性。

从灭火措施的角度出发,要确保消防设备、设施有效。火灾发生时,能够保证车辆内的正常通风,能够提供紧急照明,保证疏散工作的进行,制定避灾疏散方案和机制。

2. 车辆密封性设计

(1)提高车辆密封性能的作用

提高车辆密封性能可以减少压力波的影响,降低噪声,保证旅客乘坐的舒适性,提高车辆运行品质。

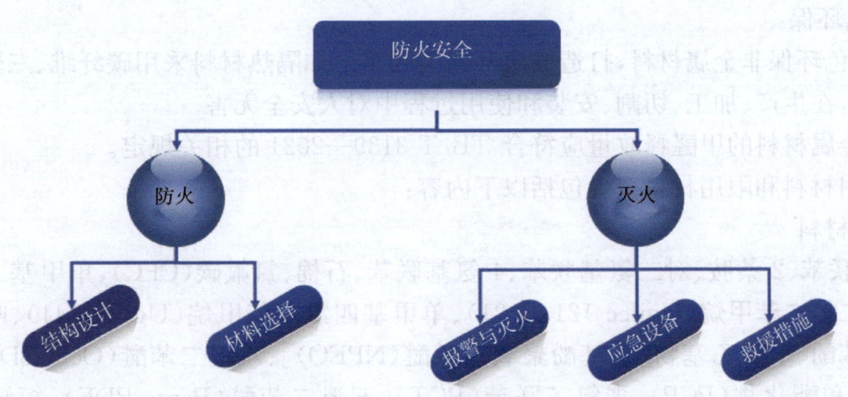

图 1-4　车辆防火安全

(2)提高车辆密封性能的设计

①车体结构密封性：车门、车窗密封性；穿车体管线密封；车端连接密封。

②内装结构密封性：内装地板周围及各螺栓、管道等穿过地板处满足车辆密封要求，保证水不渗漏到地板内部。

3. 室内空气质量管控

针对车内有害物质限量的管控，遵循“源头管控、主动释放、持续跟进、常态平衡”总原则，实践全过程闭环管控。材料、零部件选用环保型材料。限值指标：挥发性有机化合物符合《机车车辆非金属材料及室内空气有害物质限量》(TB/T 3139—2021)。

三、绿色节能要求

1. 轻量化

车体轻量化主要通过两种方式：

(1)借助有限元分析，对车体结构进行优化，降低车体重量。

(2)通过改变车体及内部装饰材料，降低车体重量。车内结构的轻量化设计主要是通过对内部装饰材料的选择来实现的。如采用碳纤维复合材料制造车体、司机室头罩、导流罩及司机台等。

表 1-1 给出了一些典型先进复合材料与常用材料在性能方面的对比，其中，比强度越大则轻量化的优势越明显。

表 1-1　复合材料与常用材料性能对比

材料		密度/(g·cm⁻³)	抗拉强度/GPa	比强度/GPa	弹性模量/GPa	冲击韧度/(J·cm⁻²)	线膨胀系数×10⁻⁶/K⁻¹
复合材料	碳纤维/环氧	1.6	1.8	1.125	128	7.5	0.2
	纺纶/环氧	1.4	1.5	1.071	80	19.6	1.8
	硼纤维/环氧	2.1	1.6	0.762	220	—	4.0
	碳化硅纤维/环氧	2.0	1.5	0.750	130.6	2.6	2.6
	石墨纤维/环氧	2.2	0.8	0.364	231	—	2.0
金属	钢	7.85	0.4	0.051	210	12	
	铝合金	2.7	0.2	0.074	77	23	

2. 绿色环保

选用绿色环保非金属材料，打造健康环保型列车。如隔热材料采用碳纤维、三聚氰胺树脂发泡材料等，在生产、加工、切割、安装和使用过程中对人安全无害。

(1)非金属材料的甲醛释放量应符合 TB/T 3139—2021 的相关规定。

(2)禁用材料和限用材料至少包括以下内容：

①禁用材料

4-硝基联苯、2-萘胺、对二氨基联苯、4-氨基联苯、石棉、氯氟碳(CFC)、单甲基二溴二苯甲烷、单甲基二氯二苯甲烷(Ugilec 121 或 21)、单甲基四氯二苯甲烷(Ugilec 141)、哈龙—全溴氟烃、壬基苯酚、壬酚乙基物[壬基酚聚氧乙烯醚(NPEO)]、八溴二苯醚(Octa-BDE)、五氯苯酚及其盐类和酯化物(PCP)、多氯三联苯(PCT)、五溴二苯醚(Penta-BDE)、短链氯化石蜡(SCCP)、铅基油漆(油漆中的铅含量)、高浓度卤素(具有一定限值的氟、氯、溴、碘)。

②限用材料

氟氯烃(HCFC)、砷及其化合物、镉及其化合物、铅及其化合物、汞及其化合物、多溴联苯(PBB)、多氯联苯(PCB)(单氯化联苯和二氯化联苯除外)、氟化温室气体[氢氟碳化物(HFC)、全氟碳化物(PFC)、六氟化硫(SF_6)]、甲醛、异氰酸盐类(异氰酸酯)、挥发性有机化合物(VOC)、甲苯、三氯苯(TCB)、三氧化锑(三氧化二锑)、铍及其化合物、六价铬化物、氯化钴、十溴二苯醚(Deca-BDE)、人造矿物纤维(MMMF)、中链氯化石蜡(MCCP)、镍、四氯乙烯、邻苯二甲酸酯类[邻苯二甲酸丁苄酯(BBP)、邻苯二甲酸二丁酯(DBP)、邻苯二甲酸二(2-乙基己基)酯(DEHP)、邻苯二甲酸二异壬酯(DINP)、邻苯二甲酸二异癸酯(DIDP)、邻苯二甲酸二辛酯(DNOP)、邻苯二甲酸二异丁酯、邻苯二甲酸二甲酯]、多环芳烃(PAH)、聚氯乙烯(PVC)、滑石(Talcum)、福美双(TMTD)、有机锡化合物、磷酸三苯酯(TPP)、三(2,3-二溴丙基)磷酸酯、三吖啶基氧化磷(TEPA)。

四、隔热防寒要求

车体隔热性能是车辆设计制造的重要指标之一，它是车内温度持续保持的关键因素，是间接保证人体舒适度的重要指标，也是车辆实际运行中节能降耗的重要保证。在车内能源供给相同的情况下，隔热性能越好，温度保持的时间就越长。

1. 常用隔热材料

隔热材料是用于减少结构物与环境热交换的一种功能材料，目前动车组上采用的隔热材料有以下几种：

(1)玻璃棉及改性玻璃棉

玻璃棉：由熔融玻璃制成的一种矿物棉。

玻璃棉板及改性玻璃棉板：将玻璃棉施加热固性黏结剂制成的具有一定刚度的板状制品。

玻璃棉毡：将玻璃棉施加热固性黏结剂制成的柔性毡状制品。

玻璃棉及改性玻璃棉的基本特性如下：

①在高、低温环境中均具有良好的保温性能。

②具有良好的吸声性能，对中频到高频的各种声波、噪声均有良好的吸声效果；但由于其性脆易断，受潮后吸声性能下降严重。

③化学性能稳定，不变质、不腐烂，基本无老化现象，不燃烧、不产生有害气体及有毒物质，

而且不易粉化，长期使用性能不变。

④玻璃丝吸湿率小，在潮湿条件下含水率低，具有良好的憎水作用。玻璃丝棉通气性能好，有排潮机能。

⑤质地坚挺，富有弹性，对任何方向的压力都具有良好的弹性恢复力。

⑥玻璃丝棉属于不燃材料，其氧指数>50，在燃烧时发烟系数极低，基本无有害气体产生。

⑦玻璃丝棉的价格较低，其复合铝箔后防火阻燃性能可以提高，但成本均增加30%。

(2)碳纤维

碳纤维是有机绝热纤维经碳化制成的纤维，它是一种新型的节能材料。

碳纤维具有耐高温、耐磨损、耐腐蚀、低密度、高强度、低电阻、高模量、膨胀系数小、有较强的抗拉弹性等特点，其用途十分广泛。

(3)三聚氰胺树脂发泡材料

三聚氰胺树脂发泡材料是以三聚氰胺树脂泡沫为原料得到的，三聚氰胺自身有很好的阻燃性，因此在生产过程无须添加阻燃剂，在燃烧过程中产生的烟雾量小，且自动结焦不产生流滴，符合健康环保的要求，还具有良好的吸声性能。

(4)纳米纤维隔热材料

纳米纤维隔热材料是目前已知的最轻的固体，具有低密度、高孔隙率、低热导率和低折射率的特性，是一种新型轻质纳米多孔材料，也是目前已知的保温性能最好的材料。因其主要成分是二氧化硅，通过与无机纤维的复合，制成目前世界上最好的绝热材料。

纳米纤维隔热材要求表面整体复合玻纤布，不允许有外露断面。玻纤布要求对材料本身尤其是内部纳米气溶胶具有防护作用，安装后不允许泄漏。

以时速250公里"复兴号"动车组为例(图1-5)，其车体侧墙、车顶、底架和端墙均采取了充分的措施作隔热防寒处理。底架满铺超细玻璃丝棉毡；侧墙满铺碳纤维，局部薄弱区域敷设纳米纤维隔热材料；端墙端门区域敷设纳米纤维隔热材料，其他区域满铺碳纤维。司机室里先在骨架格子内铺满超细玻璃丝棉毡，再铺装隔声罩，隔声罩外部再铺满超细玻璃丝棉毡。在受电弓区域的下方，先铺装纳米纤维隔热材料，再铺装隔声罩。

2. 材料选用原则

动车组车辆隔热材料选用从以下几方面考虑：

(1)性能：隔热隔声性能好，阻燃防火性能好。

(2)密度：密度小，重量轻，有利于车体轻量化。

(3)环保：在加工或安装过程中不产生或少产生粉尘，燃烧后不释放有毒气体和有毒残留物。

(4)工艺：富有弹性(可确保安装严密)，可加工性好，安装方便。

(5)稳定：加工成形或安装后的隔热材料在温度变化或时间变化的过程中，其尺寸应相对稳定，否则会造成安装间隙增大，隔热效果降低。

(6)成本：选材广泛，成本相对较低。

(7)后处理：对于加工余料和修车废料能回收再生，即使不能再生，也能进行无害化处理。

上述列举的几种隔热材料从密度上比较，纳米纤维隔热材料、碳纤维和三聚氰胺树脂发泡材料重量较轻，合乎车体轻量化的设计理念；从隔声性能上比较，碳纤维和三聚氰胺树脂发泡材料的隔声性能较好，尤其三聚氰胺树脂发泡材料对中高频吸声系数明显高于玻璃棉、聚氨酯泡沫等材料。

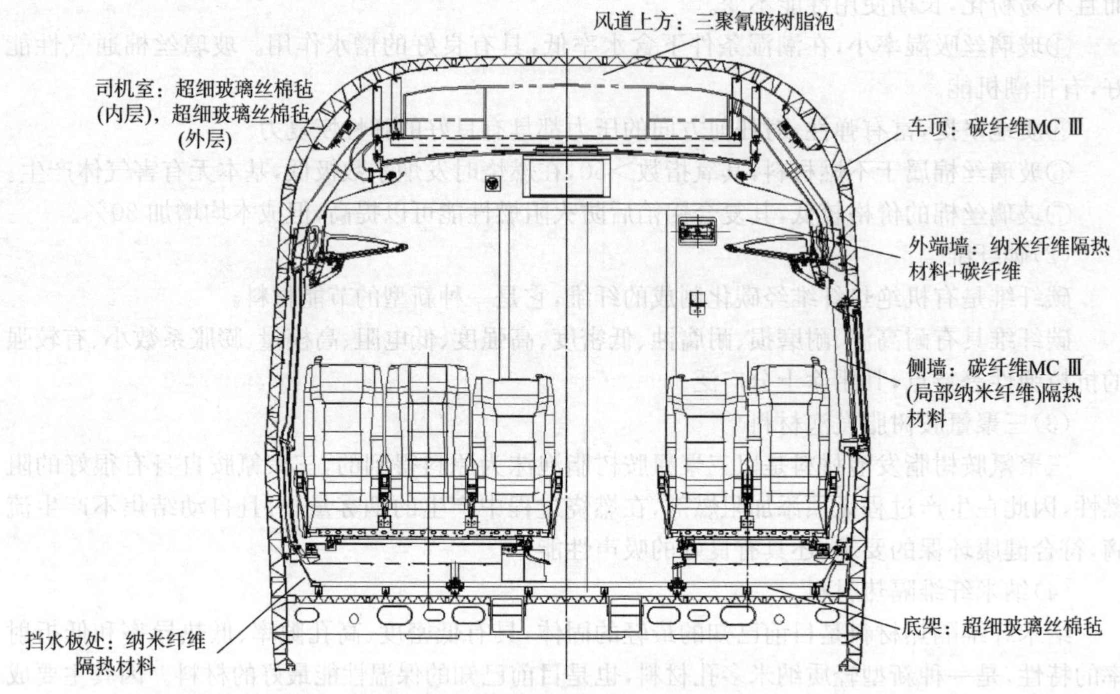

图 1-5　时速 250 公里“复兴号”动车组隔热材料布置图

3. 安装方式

隔热材料的安装要求是严密、密贴、牢固。大致有如下几种安装方式：

(1)防寒钉固定

采用专用防寒钉焊接或粘接在车体钢结构顶板或墙板上，然后穿透隔热材料和压铁再环头固定。这种方式虽简易可行，但焊点对顶板或墙板腐蚀太大，且焊接不牢，容易脱落，经常造成返工。对于软质和硬质隔热材料均采用过防寒钉固定方式。

(2)铁丝固定

对于软质隔热材料采用铁丝固定比较合适，通过铁丝拉紧使隔热材料与顶板或墙板密贴。这种方式对于乙型或角形梁柱比较方便，对于帽形梁柱难度相对较大。铁丝固定方式实用可行，直至目前的 25 型客车及时速 160 公里动力集中动车组基本上都采用这种方式。

(3)粘接

铝合金车体的隔热材料安装大多采用粘接固定，粘接方式有的是隔热材料自带胶，有的是加外涂胶。总的来说粘接方式最简易可行。

(4)其他固定方式

在车体上，隔热材料所采用的固定方式主要取决于以下几方面因素：隔热材料的状态(软质、硬质及其外表包装方式)、车体梁柱断面形式、车辆结构及安装工艺等。固定的主要目的是要使得隔热材料与结构密贴，防止脱落。其安装方式没有统一的形式，铁路客车曾采用过的固定方式除上述方式外，还采用过压条固定、弹簧卡固定、满铺胶合板固定，在特殊情况下，还有现车发泡等。

五、减振降噪要求

1. 减振隔振

(1)噪声指标

噪声是车辆设计制造的一个重要指标，它直接影响旅客乘车的舒适度。在同一种设计工况下，速度越高，噪声越大，但在技术条件的规定中，噪声指标是一个恒定值，它不随速度的变化而变化，这说明不管速度如何变化，舒适度必须给予保证。

动车组噪声控制是一门复杂的技术，它与车体轻量化设计、气密性研究、转向架设计、轮轨摩擦、线路质量、振动、隔声、减振结构及材料的选择、动力设备的设计安装等息息相关，涉及理论力学、流体力学、材料力学、空气动力学、机械设计等学科，以及摩擦学阻尼技术、模态分析、能量分析、随机信号分析等新技术。车辆设计时单单从某一方面考虑是不能有效降低车内外噪声的，必须综合考虑，将声学设计融入客车结构及部件设计的每一方面，把噪声控制技术融入车辆的轻量化、气密性、各种材料及结构的优化设计之中，从而通过控制车辆噪声来创造一个良好的声学环境。

(2)振动和噪声产生的机理

机械振动对车体的破坏一般是低频段(0～50 Hz)，越是整体的结构振动，破坏性越大，影响车辆的振动平稳性和舒适性以及疲劳寿命越严重。而噪声源于结构的振动，由于结构的振动引起空气的振动，以波动的形式在空气中传播，成为噪声。

车辆内部噪声发生的机理如图 1-6 所示。

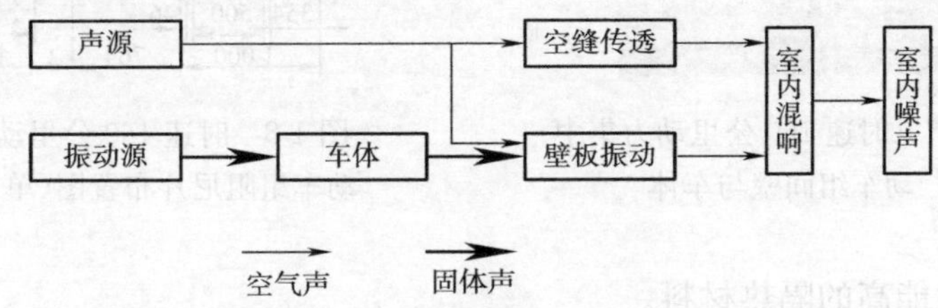

图 1-6　车辆内部噪声发生的机理

车内噪声包括由车外传到车内的噪声和由车内设备产生的噪声，从车外传到车内的噪声占主导地位。

车内噪声主要由空气声、固体声和混响声三部分组成。车辆上几乎所有的噪声源都对车内辐射噪声，加上车体自身产生的噪声及车体对外部噪声的放大作用，使得车内噪声控制成为一项相当复杂的工作。但归纳起来有减弱声源强度、隔绝传播途径和吸声处理几个方面。治理空气声传播主要靠隔声措施，治理固体声传播主要靠减振和隔振措施，治理混响声传播主要靠吸声措施。

噪声是以空气为媒体传递，振动是通过固体传递的，虽然两者传递途径不同，但都是振动，都可以通过隔离或吸收振动来缓和。这样，减振降噪技术可以分为减振、隔振、隔声、吸声四个方面。

(3)减振隔振措施

①地板模块采用浮筑结构。

采用弹性支座或减振器座，支座和铝梁间加橡胶垫，铝梁与地板间加减振胶条，起到了减振的目的。

②全车各板梁与钢结构间加弹性隔声垫。

内装各部件硬连接处设置约 0.5 mm 隔声垫，避免部件之间产生的异响。

③间壁与车体(图 1-7)连接处使用具有减振功能 PVC 调整垫板或橡胶垫，减少因车内墙板振动产生的噪声。

2. 隔声

(1)底架喷涂阻尼浆或贴阻尼片。阻尼片是一种以丁基橡胶为基材，添加阻燃助剂的防火自粘型高性能约束阻尼片。该材料无卤素、重金属、石棉等有害物质，是一种环保型阻尼材料。阻尼片有两层，丁基橡胶层和铝板。1.5 mm 厚阻尼贴片隔声性能 R_w 至少为 20 dB(A)[注：厚度每增加一倍，隔声指标相应提升 6 dB(A)]。时速 160 公里动力集中动车组阻尼片布置如图 1-8 所示。

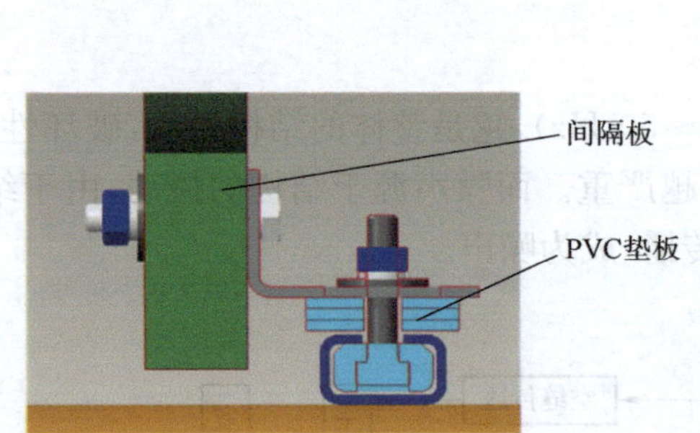

图 1-7 时速 160 公里动力集中动车组间壁与车体

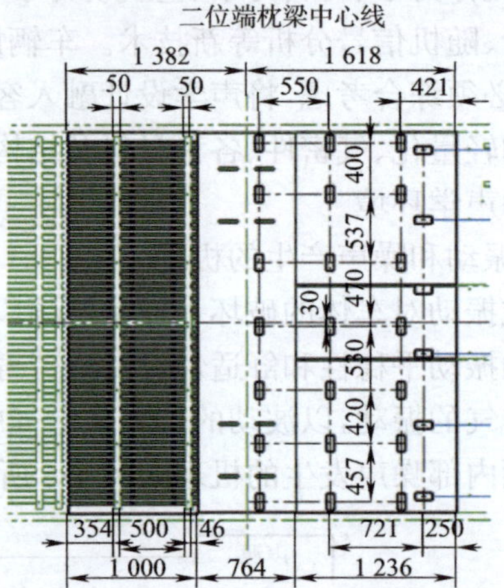

图 1-8 时速 160 公里动力集中动车组阻尼片布置图(单位：mm)

(2)选用隔声性能高的隔热材料。

(3)采用隔声地板。

(4)在转向架上部区域，内装地板下面粘贴减振隔声垫，提升隔声功能。

隔声垫(图 1-9)主要成分为合成橡胶(乙烯基聚合物)，黑灰色或黑色基材。3 mm 厚隔声垫隔声性能指标为 30 dB(A)。

图 1-9 时速 160 公里动力集中动车组隔声垫

(5)在空心型材结构中注入发泡材料来实现结构密封的气密性要求及隔声和减振的效果。

3. 吸声

(1)选用吸声性能高的隔热材料。

(2)卧车包间顶板背面粘贴吸声材料(图 1-10),降低车外噪声传入包间内部。

图 1-10　时速 160 公里动力集中动车组吸声材料

吸声材料基于合成橡胶,是具有复合孔状结构的柔性开孔声学材料。吸声材料的吸声性能指标见表 1-2。

表 1-2　吸声材料的吸声性能指标

厚　度	降噪系数 NRC
10 mm	≥0.30
15 mm	≥0.55
25 mm	≥0.70

(3)内装材料选用吸声效果好的高分子聚合材料如三明治夹芯板、铝蜂窝板等。

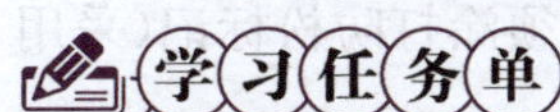

<table>
<tr><td>学习任务</td><td colspan="3">动车组内装结构设计要求的认知</td></tr>
<tr><td>目标</td><td colspan="3">1. 熟悉动车组内装结构设计理念
2. 熟悉动车组内装结构设计的安全舒适要求
3. 熟悉动车组内装结构设计的绿色节能要求
4. 熟悉动车组内装结构设计的隔热防寒要求</td></tr>
<tr><td>班级</td><td></td><td>姓名</td><td></td></tr>
<tr><td>小组</td><td></td><td>日期</td><td></td></tr>
<tr><td colspan="4">【任务内容】
1. 说出内装结构设计的理念。
2. 辨别内装常用材料,并说出作用。
3. 写出减振降噪的方法。</td></tr>
</table>

任务评价

班级		姓名		学号		日期	
序号	评价要点			配分	得分	总评	
1	能说出内装结构设计的理念			20		A □(86～100) B □(76～85) C □(60～75) D □(60 以下)	
2	能辨别内装常用材料,并说出作用			30			
3	能写出减振降噪的方法			20			
4	能遵守纪律、以积极的态度接受任务			10			
5	能积极参与小组讨论,团队间相互合作			10			
6	能及时完成老师布置的任务			10			
总分				100			
小组建议							

任务三　内装结构安装技术的要求

任务描述

技术标准的实质就是对一个或几个生产技术设立的必须符合要求的条件以及能达到此标准的实施技术。本任务主要介绍螺栓连接要求、各部件安装要求等内容。通过本任务的学习,熟悉动车组内装系统各模块的安装技术要求。

知识链接

一、螺栓连接要求

车顶内装、平顶、座椅卧铺及行李架等 M8 及以上规格螺纹紧固件须涂打防松标记(采用防松片、防松铁丝防松的可不打)。

螺栓的紧固力矩须符合 TB/T 3246.2—2019 的规定;8.8 级螺栓刚性连接紧固力矩为 20～25 N·m;弹性连接紧固力矩为 12～15 N·m;4.8 级螺栓连接紧固力矩为 10 N·m;组装紧固后螺杆须露出螺母 2 扣以上(受结构限制可露出 1 扣以上)且不得影响本零件及其他零部件组装。

防松标记按以下要求执行:

(1)M16 以下规格紧固件防松标记宽度为 1.5～3 mm,M16 及以上规格紧固件防松标记宽度为 3～5 mm,涂打标记须连续,宽度均匀。

(2)防松标记长度须覆盖整个螺母侧面,并向螺栓、被连接件各延伸 5～10 mm,螺母侧面和螺栓上标记方向平行于螺栓轴线方向,母材上的标记方向须与螺母侧面垂直。

(3)防松标记应涂打在利于观察的位置上,车电接线处防松标记颜色为红色,其余为白色或红色。

防松标记涂打方式如图 1-11 所示。

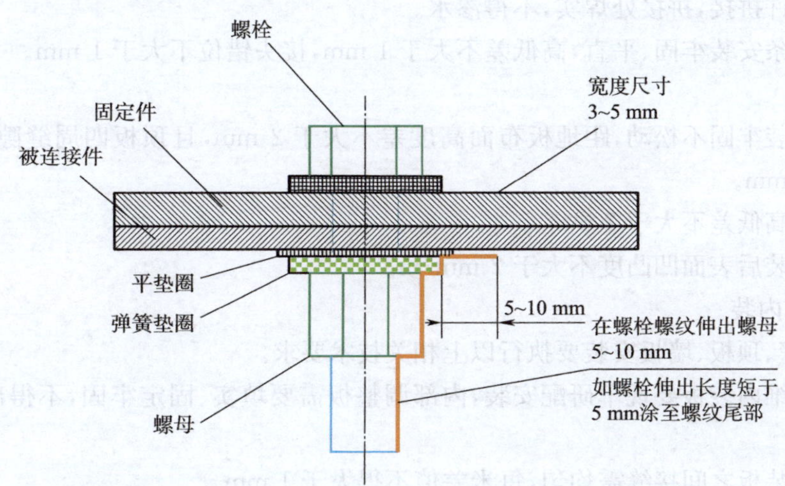

图 1-11　防松标记涂打方式示意图

二、各部件安装要求

1. 端墙、间壁

间壁安装牢固，且间壁组成后对角线之差以及表面凹凸度不大于 2 mm/m。

安装门的间壁须调直处理，间壁组装好后保证门洞对角线之差不大于 2 mm。

内端墙间壁及小走廊间壁下口压条安装后与地板之间的缝隙不大于 2 mm。

端墙板安装牢固，安装后表面凹凸度不大于 2 mm/m，距端墙外皮(110±2) mm。

端墙板组装好后保证外端门门洞对角线之差小于 2 mm。

端墙板下口压条安装后与地板之间的缝隙不大于 2 mm。

2. 车顶内装

顶板安装牢固且表面凹凸度不大于 2 mm/m。

顶板与间壁间隙偏差±2 mm，且缝隙大小差不大于 2 mm。

顶板之间的间隙偏差±2 mm，且接缝应均匀，错位不大于 2 mm，高低差不超过 2 mm。

橡胶压条平整、无明显扭曲，粘贴牢固，无多余的胶液溢出。

中顶板距地板布面高度差不大于 2 mm。

3. 侧墙内装

侧墙板安装牢固，安装后表面凹凸度不大于 2 mm/m。

侧墙板与间壁连接处间隙偏差 2 mm。

侧墙安装后平面度不大于 2 mm，便于墙板内卷帘拉伸收起无影响。

客室侧墙板之间采用插条连接，安装时保证侧墙板之间缝隙均匀，上下偏差不大于 3 mm。

4. 底架内装

底架内装安装牢固，安装后表面凹凸度不大于 1 mm/m。

地板接缝间隙不大于 2 mm，错位不大于 1 mm，安装好后须刨平。

地板布允许拼接，拼接处焊实，不得渗水。

地板布压条安装牢固、平直，高低差不大于 1 mm，接头错位不大于 1 mm。

5. 平顶

平顶板安装牢固不松动，距地板布面高度差不大于 2 mm，且顶板四周缝隙均匀，缝隙大小差不超过 2 mm。

顶板之间高低差不大于 2 mm。

平顶板安装后表面凹凸度不大于 2 mm/m。

6. 司机室内装

地板、间壁、顶板、墙板安装要执行以上相关技术要求。

玻璃钢三维内装板要现车研配安装，内部调整板需要填实、固定牢固，不得出现松动或者颤动状况。

司机室内装板之间接缝需均匀，每米差值不得大于 1 mm。

司机室内装板安装平整，相邻内装板之间高度差不得大于 2 mm。

司机室内装板研割边需进行倒圆角处理。

司机室内装板挡缝胶条粘接平整，不得有起皱、翘边现象。

司机室前窗、侧窗及观光区侧窗胶皮接缝处的闪缝不得大于 0.5 mm，对缝处不得出现台阶状态。

7. 座椅、行李架

座椅固定前在螺栓周围涂胶密封，以防水渗入到地板层；座椅安装后旋转、靠背调节过程中不能与墙板摩擦，地板扣条应伸入座椅腿下部，不得闪缝、漏缝。

行李架安装后行李架后型材、下挡板高度应分别保持一致，行李架前型材下沿距地板布上平面高度差不大于 2 mm，客室内前型材直线度不大于 1 mm，两组行李架间接缝前后宽度均匀一致，两端行李架组成与客室内端间壁距离均匀一致。两对侧行李架安装高度相差不得大于 3 mm；同侧行李架高度差不得大于 1 mm。

行李架下挡板对接间隙均匀一致，对接处前后错位不得超过 0.5 mm。

三、车内防水、密封技术要求

地板安装时需对地板与渡板安装座、管路等间隙处密封处理。具体方案为下部发泡，待泡沫填缝剂定型后切除上部不规则部分，打胶密封处理，保证水不渗入地板夹层。其中不外露处发泡可以不切割，但需保证高于地板上平面。

地板布安装时需对地板布与侧门立柱前后、端门门框、管路开口等处密封处理，地板布裁剪形成的断口、碰角部位需密封处理。

地板布上接触的门框压条外部边缘、内端间壁下部安装骨架内侧、端部间壁安装角铝下部与地板布之间接触面和门槛下部需涂打连续的密封胶，门槛在安装紧固后周圈外侧涂打连续的斜口密封胶，地板布上安装的所有角铝、压条和门槛涂打密封胶需保证水不能通过螺钉孔进入地板中。

间壁下部与地板布之间间隙需填充连续的饱满密封胶，通过台间壁扶手下部及外沿涂充连续的饱满密封胶，与踢脚板保持连续，间壁安装踢脚板后需在踢脚板与地板布之间打高度宽度为 5～7 mm 的斜口密封胶。踢脚板断面与断面间、断面和门框间打高度不小于 20 mm 的密封胶，侧墙地板布间隙处打胶密封。

学习任务单

<table>
<tr><td>学习任务</td><td colspan="3">内装结构安装技术的要求</td></tr>
<tr><td>目标</td><td colspan="3">熟悉动车组内装结构安装的技术要求</td></tr>
<tr><td>班级</td><td></td><td>姓名</td><td></td></tr>
<tr><td>小组</td><td></td><td>日期</td><td></td></tr>
<tr><td colspan="4">【任务内容】
1. 写出螺栓连接技术要求。

2. 写出动车组底架安装技术要求。

3. 写出动车组地板布安装技术要求。</td></tr>
</table>

任务评价

<table>
<tr><td>班级</td><td></td><td>姓名</td><td></td><td>学号</td><td></td><td>日期</td><td></td></tr>
<tr><td>序号</td><td colspan="3">评价要点</td><td>配分</td><td>得分</td><td colspan="2">总评</td></tr>
<tr><td>1</td><td colspan="3">能写出螺栓连接技术要求</td><td>10</td><td></td><td colspan="2" rowspan="7">A □(86～100)
B □(76～85)
C □(60～75)
D □(60 以下)</td></tr>
<tr><td>2</td><td colspan="3">能写出动车组底架安装技术要求</td><td>30</td><td></td></tr>
<tr><td>3</td><td colspan="3">能写出动车组地板布安装技术要求</td><td>30</td><td></td></tr>
<tr><td>4</td><td colspan="3">能遵守纪律、以积极的态度接受任务</td><td>10</td><td></td></tr>
<tr><td>5</td><td colspan="3">能积极参与小组讨论，团队间相互合作</td><td>10</td><td></td></tr>
<tr><td>6</td><td colspan="3">能及时完成老师布置的任务</td><td>10</td><td></td></tr>
<tr><td colspan="4">总分</td><td>100</td><td></td></tr>
<tr><td>小组建议</td><td colspan="7"></td></tr>
</table>

巩固与练习

一、识图题

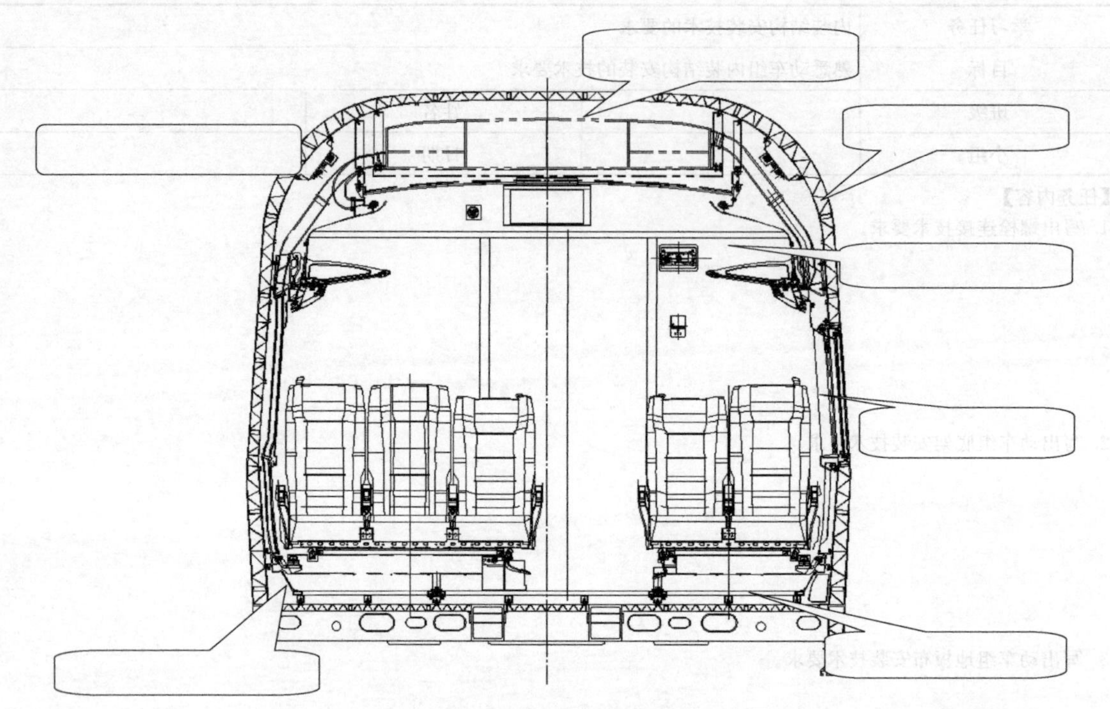

题图1　动车组隔热材料布置图

二、填空题

1. 内装结构系统的功能之一是________。
2. 内装结构系统的功能之二是________。
3. 内装结构系统的功能之三是________。
4. ________体现了车内结构设计上的先进性。
5. 车辆防火安全包括________和________两方面。
6. 隔热材料的安装要求：________、________、________。

三、简答题

1. 根据动车组列车根据使用用途不同，列举主要车种。
2. 如何提高车辆防火安全性？
3. 如何做到车辆的绿色节能？
4. 分析噪声指标的重要性、产生机理及减振降噪方法。
5. 车顶模块的安装要求有哪些？

项目二　地 板 模 块

学习目标

1. 知识目标

(1)熟悉地板模块的组成及安装。

(2)熟悉地板模块的主要功能。

2. 能力目标

(1)能选用合适的地板模块常用材料。

(2)会动车组地板模块典型结构的安装。

3. 素质目标

(1)培养学生细致认真的工作态度。

(2)培养学生团队合作的能力。

(3)培养学生安全操作的意识。

任务一　地板模块的认知

任务描述

地板模块的任务是支撑旅客行走。本任务主要介绍地板模块的基本组成、主要功能及组成部分的常用材料等。通过本任务的学习,熟悉地板模块组成与主要功能,掌握地板及地板骨架的常用材料。

知识链接

一、概　　述

地板模块是旅客行走的支撑面,其主要由地板骨架(地板减振器布置)、地板与地板布等组成。地板模块周围及各螺栓、管道等穿过地板处满足车辆密封要求,保证水不渗漏到地板内部而且表面两侧是密封的。时速 160 公里动力集中动车组地板模块如图 2-1 所示。

二、地板的主要功能

1. 支撑功能

地板作为一个水平面可供旅客在上面行走,同时很多车内部设备部件也安装在地板面上(如座椅、桌子、间壁等),地板支撑着车内设备及乘客的全部重量。

2. 安全紧固功能

为了确保旅客座椅和桌子的安全牢固性,将座椅滑槽用螺栓固定到地板骨架上,地板骨架

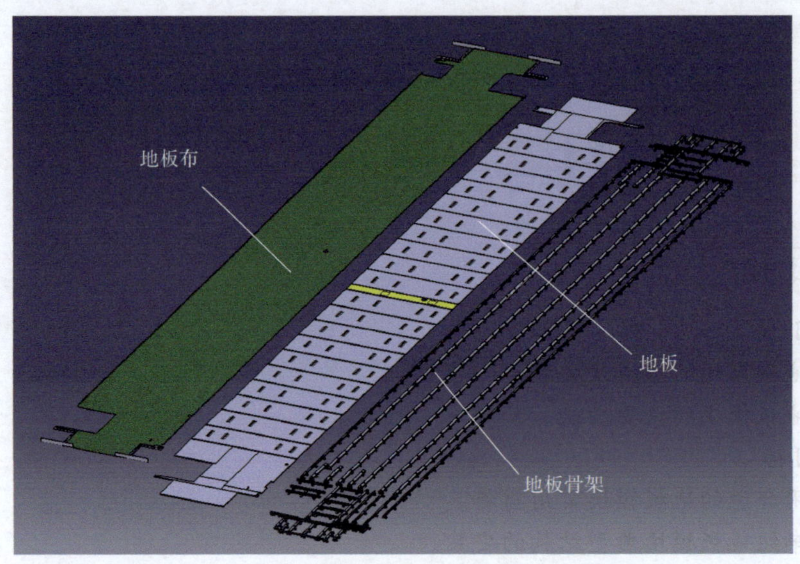

图 2-1　时速 160 公里动力集中动车组地板模块组成

布置在地板以下沿车体纵向方向的客室区域。

3. 防护功能

地板与车体地板部位形成了一空腔，用来覆盖地板下的电缆、风管以及其他的液压管路，起到了较好的防护作用。

4. 隔离功能

地板布也是地板模块非常重要的组成部分，它用来隔离外界环境与车厢内的热量和噪声传递。

三、地板的主要材料

1. 地板骨架常用材料

地板骨架常用材料有木骨架、铝骨架及钢骨架等。木骨架装车前需作防腐防火处理，铝骨架需作阳极氧化处理，钢骨架需作防腐处理。

2. 地板常用材料

(1)胶合板

由单板构成的多层材料，通常按相邻层单板的纹理方向大致垂直组胚胶合而成的板材。胶合板面板的树种为该胶合板的树种。国产阔叶材椴木、水曲柳、桦木、柞木、杨木等，以及进口阔叶材柳桉等都是适合做胶合板的树种。用作地板的胶合板应符合 GB/T 9846—2015 中Ⅰ类胶合板、Ⅱ类胶合板的规定，同时胶合板的含水率、板面握钉力的要求及检验方法符合表 2-1 的要求。

表 2-1　胶合板地板性能要求

序号	项　目	性能要求	试验方法
1	含水率	5.0%～14%	GB/T 17657
2	板面握钉力	≥1.5 kN	GB/T 17657

胶合板常规尺寸为 20 mm×1 220 mm×2 440 mm。

(2)复合隔声地板

时速 250 公里“复兴号”动车组用复合隔声地板依次由 1 mm 面板、14.5 mm 桤木胶合板、1 mm 隔声材、5 mm 桤木胶合板、0.5 mm 面板组成。材料:地板周圈使用铝型材封边,其中铝面板材质为 5052-H32,铝型材材质为 6063-T5,胶合板不允许拼接。总厚度:(22±0.5) mm(包含周圈封边铝型材)。隔声地板面密度:17 kg/m²。

(3)防腐隔声地板

防腐隔声地板采用聚氯乙烯为主要原材料,加入耐磨材料、阻燃剂、增强材料、稳定剂、着色剂等辅料,经压延、挤出或热压工艺所生产的单层次或多层次复合的板材。防腐隔声地板性能要求见表 2-2。

表 2-2 防腐隔声地板性能要求

序号	项　目	性能要求	试验方法
1	平拉强度	≥2.0 MPa	GB/T 1452
2	弯曲强度(根据弯曲面板强度计算得出)	≥24 MPa	GB/T 1456
3	剥离强度	≥40 N/mm	GB/T 1457
4	隔声性能(R_W)	≥34 dB(A)	GB/T 19889.3
5	抗冲击性能(塌陷量)	≤1.0 mm(含地板布)	地板上粘贴 2.5 mm 橡胶地板布,质量为 500 g 的 ϕ50 钢球从 2 m 高处落下
6	板面握钉力	≥1.5 kN	GB/T 17657
7	冲击强度	≥30 kJ/m²	GB/T 1043
8	热变形温度	≥73 ℃	GB/T 1634

防腐隔声地板常规尺寸为 20 mm×1 220 mm×2 440 mm。

(4)铝蜂窝地板

铝蜂窝铝面地板依次由面板 1 mm、铝蜂窝 20 mm、面板 0.5 mm 组成,周圈使用铝型材封边,其中铝面板材质为 5052-H32,铝型材材质为 6063-T5;铝蜂窝规格为 70-4-0.065(3003-H18)NR。总厚度:(22±0.5) mm,包含周圈封边铝型材内装地板(7.4±0.5) kg/m²。

铝蜂窝铁面地板依次由面板 1 mm、铝蜂窝 20 mm、面板 0.5 mm 组成,周圈使用铝型材封边,其中面板材质为镀锌钢板,铝型材材质为 6063-T5;铝蜂窝规格为 70-4-0.065(3003-H18)NR。总厚度:(22±0.5) mm,包含周圈封边铝型材内装地板(15.2±1) kg/m²。

铝蜂窝地板性能要求见表 2-3。

表 2-3 铝蜂窝地板性能要求

序号	项　目	性能要求	试验方法
1	平拉强度	≥2.0 MPa	GB/T 1452
2	平压强度	≥3.8 MPa	GB/T 1453
3	弯曲强度(根据弯曲面板强度计算得出)	≥24 MPa	GB/T 1456
4	剥离强度	≥40 N/mm	GB/T 1457

续上表

序号	项　目	性能要求	试验方法
5	隔声性能(R_W)	≥26 dB(A)(铝面板)	GB/T 19889.3
6		≥28 dB(A)(铁面板)	
7	抗冲击性能（塌陷量）	≤2.0 mm(含地板布)	地板上粘贴 2.5 mm 橡胶地板布，质量为 500 g 的 ϕ50 mm 钢球从 2 m 高处落下

时速 160 公里动力集中动车组通过台采用防腐隔声地板、客室采用胶合板地板或防腐隔声地板；时速 250 公里“复兴号”动车组通过台采用复合隔声地板、客室采用铝蜂窝地板。

四、地板布相关知识

1. 功能及组成

动车组用地板布为橡胶地板布，地板布材料稳定，无增塑剂或阻燃剂等填料的析出。地板布粘贴在地板上，地板布能够满足溶剂型胶黏剂粘接要求，具有耐磨、防火、寿命长、不开裂、防滑和无毒的特性，以及美观、易于清洁的特点。

2. 外观和感官要求

地板布铺设后，表面应平整，粘接无空鼓、无气泡。板间接缝紧密吻合、无缝隙，板间无高差，地板布不平度不超过 1 mm/2 m^2。

外观质量符合表 2-4 的要求。

表 2-4　缺陷类别及质量要求

序号	缺陷类别	质量要求
1	气泡	1 m^2范围内不得多于 3 处，单个气泡面积不得大于 5 mm^2
2	水纹(包括癞斑)	允许有轻微痕迹，弯曲至 90°检查应无裂痕
3	明疤及凹凸不平	无
4	海绵状	无
5	接头缺陷	无
6	杂质	1 m^2内不得多于 3 处，尺寸不得超过地板布厚度的 1/3
7	色差	无明显色差

3. 材料及理化性能要求

地板布材料的拉断伸长率、阿克隆磨耗、撕裂强度(直角撕裂)等理化性能要求应符合表 2-5 要求。

表 2-5　地板布性能要求

序号	项　目	性能指标	试验方法
1	邵氏 A 硬度	(88±5) shoreA	GB/T 531.1
2	拉伸强度	≥8 MPa	GB/T 528
3	扯断伸长率	≥50%	GB/T 528
4	阿克隆磨耗	≤1.0 cm^3/1.61 km	GB/T 1689
5	撕裂强度(直角撕裂)	≥35 kN/m	GB/T 529

续上表

序号	项　目	性能指标	试验方法
6	脆性温度	≤−20 ℃	GB/T 1682
7	体积电阻率	$\geqslant 10^8\ \Omega\cdot\text{cm}$	GB/T 1692
8	表面耐香烟灼烧性能	4～5级	GB/T 17657
9	压痕残留	≤0.2 mm	GB/T 11982.1
10	尺寸变化率	≤0.3%	GB/T 11982.1
11	摩擦系数(干法、湿法)	≥0.45	Q/CR 617

4. 粘接要求

地板布粘接面为麻面或进行拉毛处理(供应商也可为满足地板布的粘接强度采取其他类似措施),供应商应提出地板布的配套胶黏剂性能及使用说明。配套胶黏剂的剥离强度应大于3 N/mm或地板布破坏。

学习任务单

学习任务	动车组地板模块认知		
目标	1. 知道地板模块的构成部分 2. 知道地板模块的主要功能 3. 熟悉地板和地板骨架的材料 4. 熟悉地板布的材料性能和粘贴要求		
班级		姓名	
小组		日期	

【任务内容】

1. 写出地板模块组成。

2. 认识动车组地板常用材料。

3. 说出地板布的外观质量要求。

任务评价

班级		姓名		学号		日期	
序号	评价要点			配分	得分	总评	
1	能写出地板模块组成			20		A □(86～100) B □(76～85) C □(60～75) D □(60以下)	
2	能辨别动车组地板常用材料			30			
3	能说出地板布的外观质量要求			20			
4	能遵守纪律、以积极的态度接受任务			10			
5	能积极参与小组讨论,团队间相互合作			10			

续上表

序号	评价要点	配分	得分	总评
6	能及时完成老师布置的任务	10		
	总分	100		
小组建议				

任务二　地板模块的结构与安装

任务描述

本任务主要介绍时速 160 公里动力集中动车组和时速 250 公里“复兴号”动车组的地板结构，通过本任务的学习，完成地板模块安装的准备工作，并正确安装时速 160 公里动力集中动车组地板模块。

知识链接

一、时速 160 公里动力集中动车组地板结构

时速 160 公里动力集中动车组地板安装采用弹性减振结构，车体为碳钢车体，在钢结构底架上焊接螺柱，弹性支座通过螺栓与车体底架钢结构进行固定。

1. 弹性支座

弹性支座对车体振动传递到车内起降低幅值的作用。

弹性支座依次由钢板、橡胶块(三元乙丙橡胶)、钢板，各件硫化成一体，如图 2-2 所示。

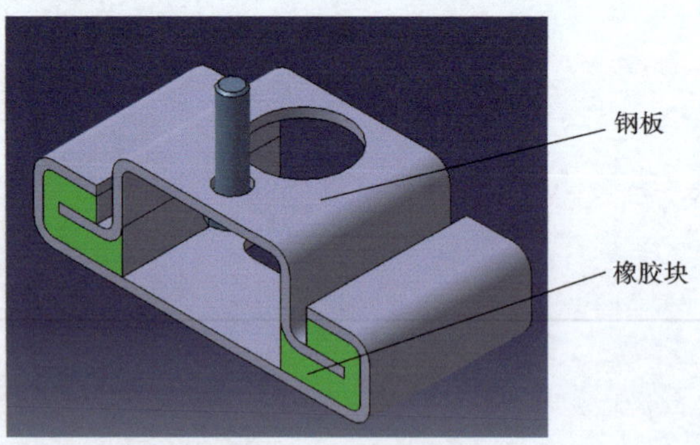

图 2-2　弹性支座组成

2. 地板安装结构

弹性支座通过螺栓与车体底架钢结构进行固定，弹性支座上面安装铝梁，铝梁通过螺栓固定在弹性支座上，地板固定在铝梁上方。弹性支座和钢结构、铝梁以及铝梁和地板之间均设有橡胶垫，地板布粘接在地板上，在两侧侧墙方向上翻 47～52 mm，能够有效防止水渗入到地板内部。地板下方填充玻璃棉隔热材料，具有良好的隔热性能。具体安

装如图 2-3(a)、(b)所示。

座椅滑槽与内装地板集成在一起,地板安装时通过螺钉与地板骨架连接,滑槽位置使用螺栓 M8×25 及垫圈、螺钉 4.2×19 与地板梁固定。具体安装如图 2-3(c)、(d)所示。

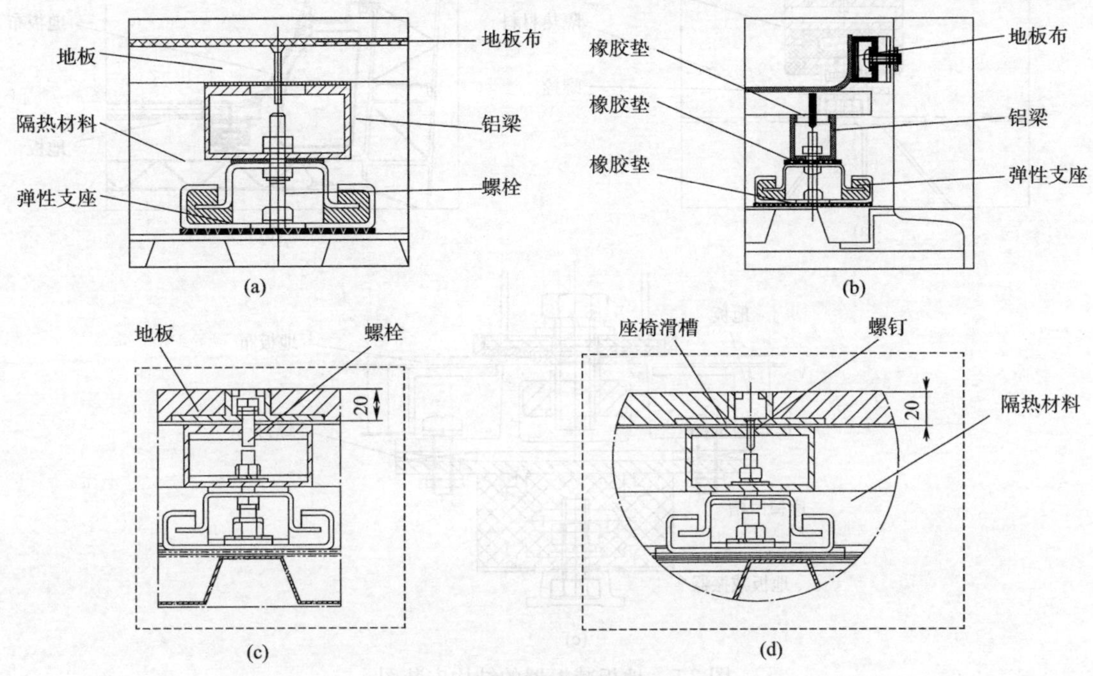

图 2-3 地板安装图(单位:mm)

二、时速 250 公里“复兴号”动车组地板结构

1. 地板减振器

地板减振器对车体振动传递到车内起降低幅值的作用。

地板减振器由橡胶垫、铝型材、橡胶块、铝型材依次组成,如图 2-4 所示。各件硫化或组装以后外观平整,橡胶不得有开胶、裂纹等缺陷。

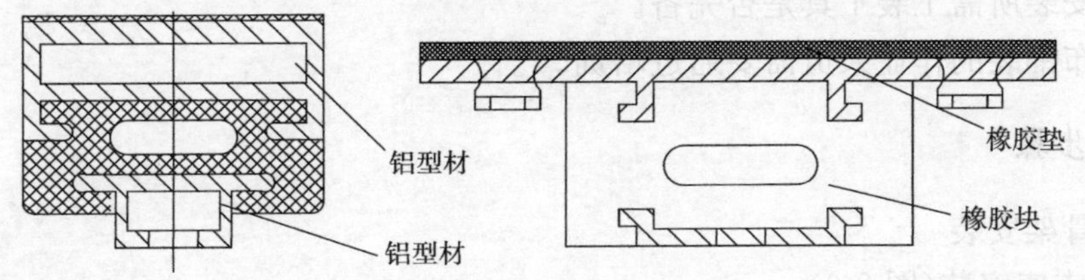

图 2-4 地板减振器的组成

2. 安装结构

本结构车体为铝合金车体,地板减振器通过螺栓固定在铝合金车体的滑槽上,地板固定在减振器或钢骨架上方。地板布粘接在地板上,在两侧侧墙方向上翻,能够有效防止水渗入到地板内部。具体安装如图 2-5(a)、(b)所示。

座椅滑槽通过螺钉固定在地板减振器上。具体安装如图 2-5(c)所示。

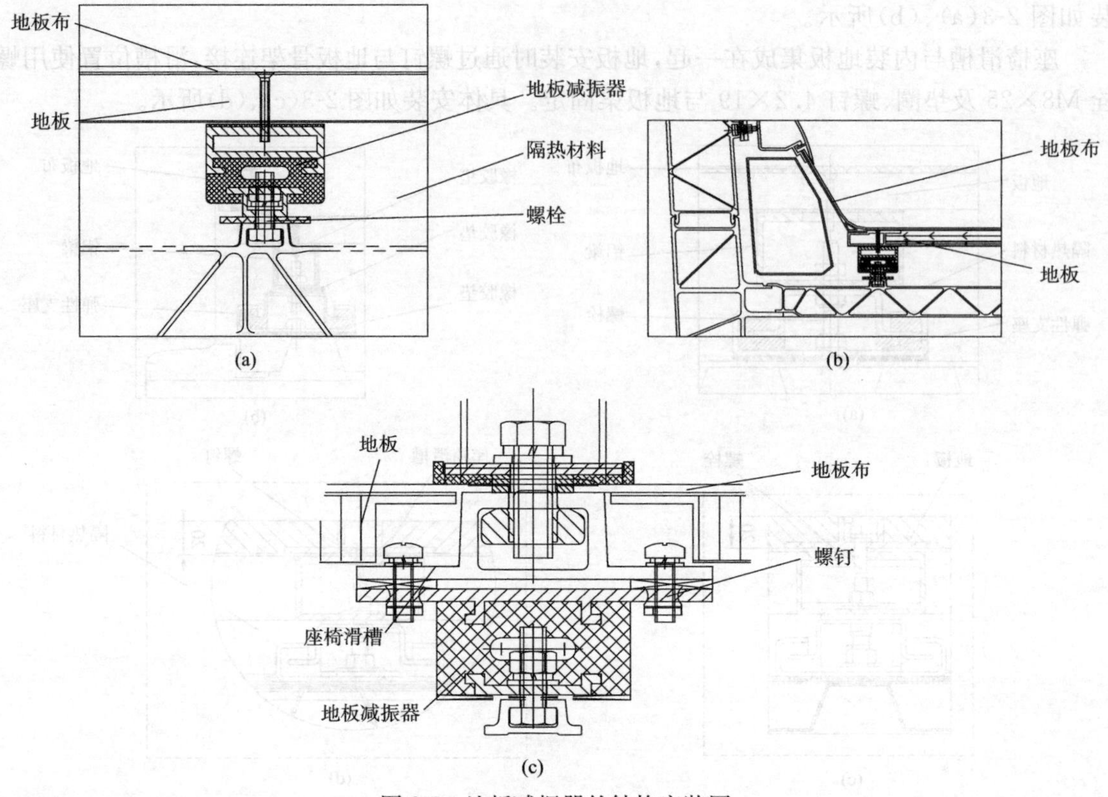

图 2-5　地板减振器的结构安装图

任务实施

一、准备工作

1. 检查外观质量完好，地板梁及地板无破损、断裂。
2. 检查所用的胶水是否在有效期内。
3. 检查地板表面是否平整、干燥、清洁；确认环境符合施工要求。
4. 确认安装所需工装工具是否完备。
5. 地板布铺装的作业人员需要通过培训。

二、安装步骤

1. 地板骨架安装

(1)弹性支座安装(图 2-6)

①将隔声垫穿入钢结构螺柱。

②将弹性支座安装孔穿入钢结构螺柱，依次穿入平垫圈、弹簧垫圈、螺母 M10 将弹性支座固定到地板上，弹簧垫圈压平。

(2)地板梁安装(图 2-7)

①按照图纸件号摆放地板梁，将地板梁螺栓孔穿入弹性支座螺栓。

②使用螺母 M8 及相应的平垫圈、弹簧垫圈将地板梁预固定到弹性支座上。

③使用靠尺对地板梁进行找平，调整完毕后固定，弹簧垫圈压平。两铝梁拼接处使用自攻螺钉 ST4.2×25 进行固定。

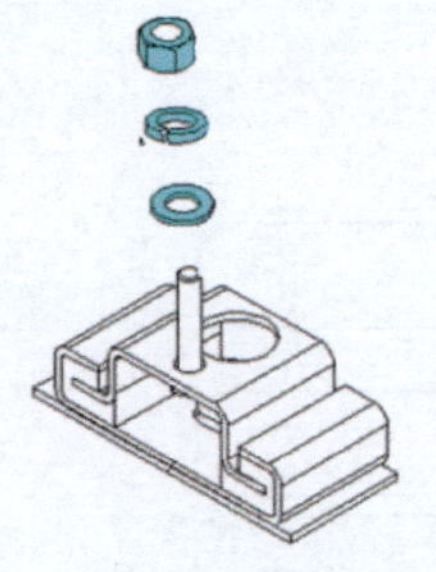

图 2-6　弹性支座的安装

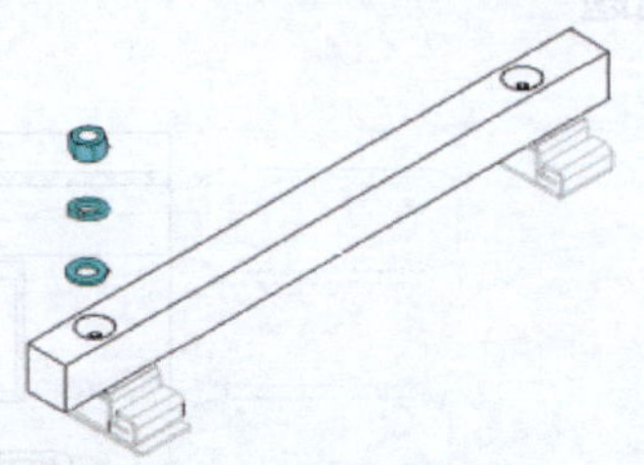

图 2-7　地板梁的安装

2. 地板安装

(1)地板摆放及调整。地板摆放从中部向两侧摆放，中间地板与茶桌安装处窗中对齐，偏差不大于 2 mm。

(2)地板固定。地板摆放到位后使用自攻螺钉 ST4×40 将地板与地板梁固定。地板搭接处使用自攻螺钉 ST4.2×25 固定。座椅滑槽使用螺栓 M8×25 及平垫圈、弹簧垫圈、螺钉 ST4.2×19 与地板梁固定。螺钉间距应控制在 250～300 mm。地板拐角处接头螺钉安装距离不大于 20 mm。

3. 地板布铺装

地板布铺装工艺流程是：打磨、清扫、涂胶、铺装、裁边等。

(1)地板布铺装前应对地板进行打磨，待打磨清洁后，将需铺设的地板布展放到地板上，摆放 5 h 后再进行粘贴。

(2)配胶。地板布胶黏剂采用的是双组分胶黏剂(胶合剂、固化剂)。按一定比例配胶完成后，需在 30 min 内完成粘接。

(3)将配好的胶倒在地板上，用刮板刮涂，不能漏刮。将卷起的地板布展开后粘贴到地板上，最后使用美工刀、靠尺裁剪地板布。

任务评价

班级		姓名		学号	日期	
序号	评价要点			配分	得分	总评
1	能说出时速 160 公里动力集中动车组地板结构			10		A □(86～100) B □(76～85) C □(60～75) D □(60 以下)
2	能说出时速 250 公里“复兴号”动车组地板结构			10		
3	能正确完成安装前准备工作			20		
4	能正确进行时速 160 公里动力集中动车组地板模块安装			30		
5	能遵守纪律、以积极的态度接受任务			10		
6	能积极参与小组讨论，团队间相互合作			10		
7	能及时完成老师布置的任务			10		
总分				100		
小组建议						

巩固与练习

一、识图题

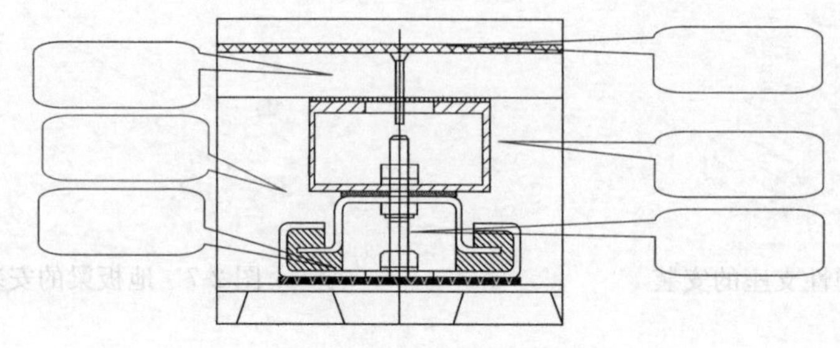

题图1　地板安装图

二、填空题

1. 地板骨架常用材料有______、______及钢骨架等。
2. 弹性支座对车体振动传递到车内起______作用。
3. 地板布铺装工艺流程是:______、______、______、______裁边等。
4. 玻璃钢材质通常为______树脂玻璃钢。
5. 地板减振器对车体振动传递到车内起______作用。

三、简答题

1. 地板安装采用弹性减振结构(弹性支座或减振器)的目的是什么?
2. 简述地板布铺装工艺流程及注意事项。
3. 简述地板骨架安装的步骤。

项目三　侧墙模块

学习目标

1. 知识目标

(1)了解侧墙模块的组成。

(2)熟悉侧墙模块的功能和材料。

(3)掌握侧墙模块的结构。

2. 能力目标

(1)能辨别动车组侧墙模块的材料。

(2)能做好侧墙模块安装前的准备工作。

(3)会正确选择工具并进行动车组侧墙模块的安装。

3. 素质目标

(1)培养学生精益求精的精神。

(2)培养学生团队协作的精神。

(3)培养学生良好的观察能力、动手能力和分析能力。

任务一　侧墙模块的认知

任务描述

侧墙模块是内装中旅客接触最多的部位,其结构造型直接关系到车内的整体美观、保温、隔热和舒适性。本任务介绍侧墙模块的组成、位置、功能等相关内容。通过本任务的学习,熟悉动车组侧墙模块的基本构成和材料,掌握侧墙模块的基本功能。

知识链接

一、概　　述

侧墙模块为动车组车辆内装在车长方向上的垂直表面,其主要是采用模块化墙板结构,侧墙模块跟车窗、侧门、车顶、间壁、地板和电热器等存在接口关系。侧墙模块主要分为一位侧侧墙和二位侧侧墙,如图 3-1 所示。侧墙模块一般是以车窗为单位进行模块化设计,一个车窗一个模块。

二、侧墙模块的主要功能

1. 装饰功能

侧墙模块是旅客目之所及的最主要的内饰部件,侧墙模块对动车组内饰的档次影响较大。

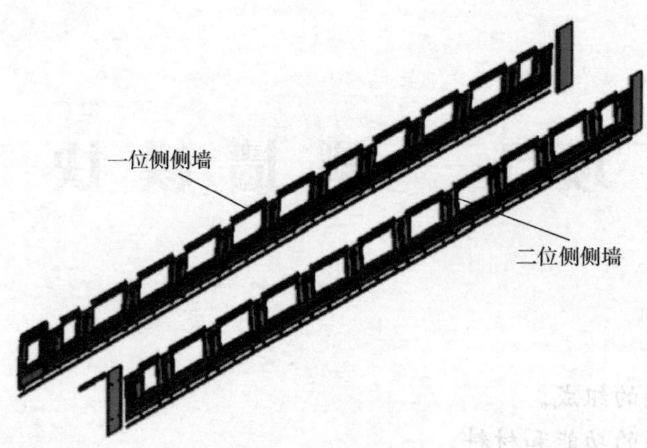

图 3-1　侧墙模块

2. 茶桌功能

侧墙模块窗台处做成一个平窗台，方便旅客放置茶杯、手机等一些小物件。

3. 支撑功能

侧墙模块上可以安装一些插座、灯具等一些小设备件，作为这些小设备件的支撑。

4. 防护功能

侧墙模块与车体侧墙形成了一空腔，用来防护其中的电线电缆、水管等一些设备件。

5. 隔离功能

侧墙模块主要的功能就是隔离，用来隔离外界环境与车厢内的热量和噪声传递，将车厢内的温度和噪声控制在旅客舒适的状态。

三、侧墙模块的主要材料

侧墙模块一般采用玻璃钢模块化墙板，玻璃钢材质易于成形，能够实现轻量化要求，墙板背面覆盖矿物棉隔热材，具有良好的隔声隔热功能。在墙板承力部位增加铝型材骨架补强增加强度。

玻璃钢材质通常为不饱和树脂玻璃钢，骨架通常为铝型材材质为 6063-T5。模块化玻璃钢墙板根据制作工艺分为手糊玻璃钢和模压玻璃钢两种，手糊成型法是以产品原型为基准，手工逐层糊制产品的一种生产方法；模压成型法是将原材料注入闭合模具内，再经高温高压成型产品。大部分玻璃钢产品是手糊法生产的，手糊法成本较低，且可以制作复杂结构和大型构件，应用范围十分广泛。模压成型法制成的玻璃钢外观质量较好，产品制作精度较高。手糊玻璃钢和模压玻璃钢的主要性能参数见表 3-1 和表 3-2。

表 3-1　手糊玻璃钢性能指标及试验方法

序号	名　称	指　标	试验方法
1	硬度(巴氏)	＞25 HBa	GB/T 3854
2	吸水率	≤0.5%	GB/T 1462
3	拉伸强度	≥100 MPa	GB/T 1447

续上表

序号	名　　称		指　　标	试验方法
4	弯曲强度		≥150 MPa	GB/T 1449
5	树脂含量		>45%	GB/T 2577
6	冲击韧性（无缺口）		≥150 kJ/m^2	GB/T 1451
7	阻燃性能	氧指数	≥32%(水平表面朝下产品) ≥30%(垂直表面产品)	GB/T 2406
		45°角燃烧	难燃级	TB/T 3138
8	烟密度[D_s(4)，25 km/m^2，有引燃]		≤200	GB/T 8323.2
9	甲醛释放量		≤1.5 mg/L	TB/T 3139

表 3-2　模压玻璃钢性能指标及试验方法

序号	名　　称		指　　标	试验方法
1	硬度(巴氏)		>45 HBa	GB/T 3854
2	吸水率		≤0.2%	GB/T 1462
3	拉伸强度		≥70 MPa	GB/T 1447
4	弯曲强度		≥135 MPa	GB/T 1449
5	冲击韧性（无缺口）		≥70 kJ/m^2	GB/T 1451
6	阻燃性能	氧指数	≥35%	GB/T 2406
		45°角燃烧	难燃级	TB/T 3138
7	烟密度[D_s(4)，25 km/m^2，有引燃]		≤200	GB/T 8323.2
8	甲醛释放量		≤1.5 mg/L	TB/T 3139

学习任务单

学习任务	动车组侧墙模块认知		
目标	1. 知道侧墙模块的位置 2. 知道侧墙模块的主要功能 3. 熟悉侧墙模块的材料		
班级		姓名	
小组		日期	

【任务内容】

1. 侧墙模块的分类。

2. 认识动车组侧墙模块常用材料。

3. 说出动车组侧墙模块的功能。

任务评价

<table>
<tr><td>班级</td><td></td><td>姓名</td><td></td><td>学号</td><td></td><td>日期</td><td></td></tr>
<tr><td>序号</td><td colspan="5">评价要点</td><td>配分</td><td>得分</td><td>总评</td></tr>
<tr><td>1</td><td colspan="5">能对侧墙模块进行分类</td><td>20</td><td></td><td rowspan="7">A □(86～100)
B □(76～85)
C □(60～75)
D □(60 以下)</td></tr>
<tr><td>2</td><td colspan="5">能说出侧墙模块的功能</td><td>30</td><td></td></tr>
<tr><td>3</td><td colspan="5">能辨别动车组侧墙模块的常用材料</td><td>20</td><td></td></tr>
<tr><td>4</td><td colspan="5">能遵守纪律，以积极的态度接受任务</td><td>10</td><td></td></tr>
<tr><td>5</td><td colspan="5">能积极参与小组讨论，团队间相互合作</td><td>10</td><td></td></tr>
<tr><td>6</td><td colspan="5">能及时完成老师布置的任务</td><td>10</td><td></td></tr>
<tr><td colspan="6">总分</td><td>100</td><td></td></tr>
<tr><td>小组建议</td><td colspan="8"></td></tr>
</table>

任务二　侧墙模块的结构与安装

任务描述

侧墙模块由墙板模块组成，侧墙板采用模块化、集成化设计。本任务介绍时速 160 公里动力集中动车组和时速 250 公里“复兴号”动车组的侧墙模块结构等相关内容。通过本任务的学习，熟悉动车组侧墙模块的结构，掌握侧墙模块的安装方法与步骤。

知识链接

一、时速 160 公里动力集中动车组侧墙模块结构

时速 160 公里动力集中动车组侧墙模块由一个个墙板模块组成，墙板模块集成隐藏式衣帽钩、卷帘和隔热材料等部件，基本以每个窗区作为一个模块单元，安装方便、快捷，墙板模块如图 3-2 所示。

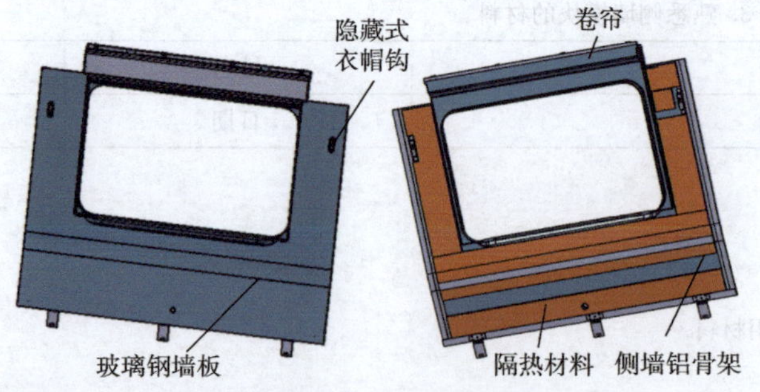

图 3-2　时速 160 公里动力集中动车组侧墙模块组成

墙板模块由玻璃钢墙板、侧墙铝骨架、隐藏式衣帽钩、卷帘和隔热材料等部件组成，侧墙铝骨架组成一体和玻璃钢墙板粘接在一起，侧墙铝骨架自带连接件，用于墙板模块和车体钢结构连接。玻璃钢厚度为 4 mm，既保证了侧墙板的强度和刚度，又控制了重量。

墙板与墙板之间、墙板与间壁之间采用对接方式连接，预留 25 mm 缝隙，便于工艺调节，模块化墙板之间连接结构如图 3-3 所示。

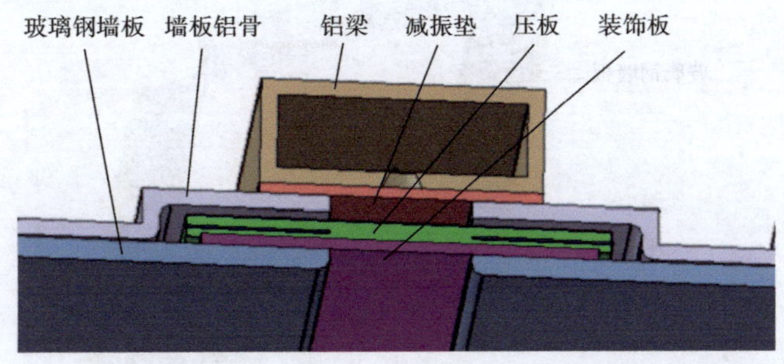

图 3-3　时速 160 公里动力集中动车组侧墙模块之间连接

在墙板之间的接缝处，设有铝梁，铝梁通过螺栓跟车体钢结构连接。此处玻璃钢墙板和墙板铝骨架之间设计成一个 U 形槽，U 形槽内设有压板，通过压板把接缝处的两块墙板都固定在铝梁上，铝梁表面粘接有减振垫，防止玻璃钢墙板与车体之间刚性连接，起到减振降噪的作用。最后在两块墙板的 U 形槽内插入 PVC 装饰板，盖住接缝处的铝梁和压板。为了保证装饰板安装牢固，在 U 形槽的墙板背面粘接毛毡，起到压缩固定装饰板的作用。

在墙板上口设置钢梁，钢梁通过螺栓与车体钢结构连接，墙板通过螺钉固定在钢梁上。墙板上口集成卷帘，为了卷帘的日常维护和更换，墙板上口设置卷帘罩板，卷帘罩板也采用玻璃钢制作，卷帘罩板下口插接在玻璃钢墙板突台上，下口插接在玻璃钢墙板上集成的不锈钢 U 形卡上，卷帘罩板在不锈钢 U 形卡内预留的余量大于下口插接的玻璃钢突台高度，向上推动卷帘罩板，滑出突台，就可以取消卷帘罩板，如图 3-4 所示。

墙板下口设置连接铁，连接铁跟墙板铝骨架连接成一个整体，保证连接强度，连接铁通过螺栓跟车体钢结构立柱上面的羊眼孔连接，如图 3-5 所示。

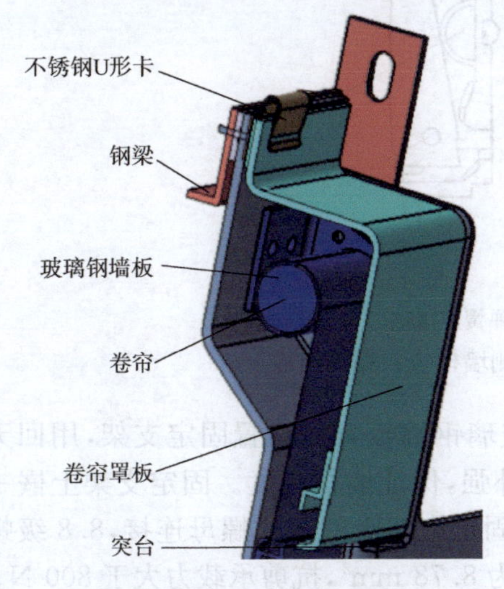

图 3-4　时速 160 公里动力集中动车组侧墙模块上口连接

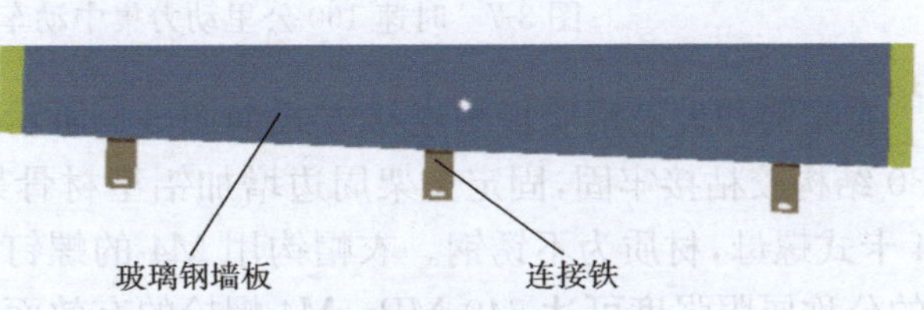

图 3-5　时速 160 公里动力集中动车组侧墙模块下口连接

玻璃钢墙板在窗口下方设置平窗台,宽度约 80 mm,方便乘客放置物品,如图 3-6 所示。

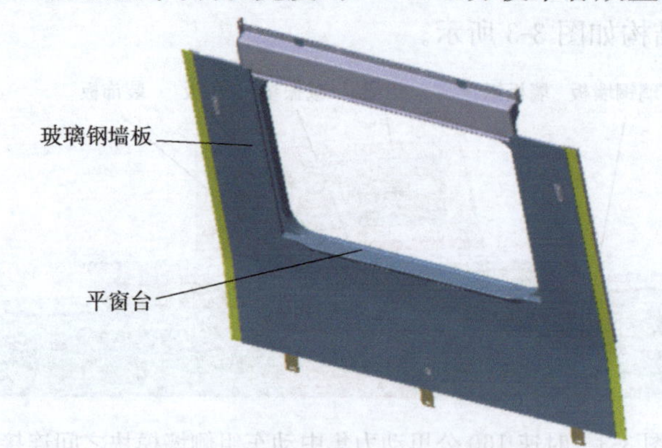

图 3-6 时速 160 公里动力集中动车组侧墙模块平窗台

侧墙模块集成隐藏式衣帽钩,衣帽钩的静强度设计按照《铁道客车行李架和衣帽钩》(TB/T 3286—2011)标准执行,衣帽钩施加垂直力 150 N,持续加载 2 min。卸载 24 h 后,衣帽钩无结构破坏,无塑性变形。

衣帽钩组成如图 3-7 所示,部件 1 和部件 2 为拉手铸件,也是主要的结构件,材质为铸造铝合金,牌号 ZL202-T6,力学性能参数:抗拉强度≥163 MPa,布氏硬度≥100 HBW;部件 3 为缓冲堵头,材质为橡胶;部件 4 为弹簧连接轴,材质为 65 MN 弹簧钢,抗拉强度≥980 MPa,屈服强度≥785 MPa,断后伸长率≥8%,断面收缩率≥30%,布氏硬度≥302 HBW。

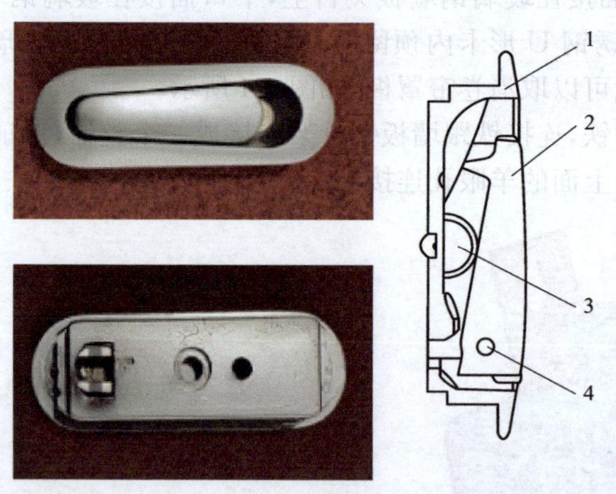

1,2—拉手铸件;3—缓冲堵头;4—弹簧连接轴。

图 3-7 时速 160 公里动力集中动车组侧墙模块衣帽钩组成

衣帽钩和玻璃钢墙板的连接方式如图 3-8 所示,玻璃钢墙板背面设置固定支架,用回天 1830 结构胶粘接牢固,固定支架周边增加铝型材骨架补强,保证墙板强度。固定支架上嵌一 M4 卡式螺母,材质为不锈钢。衣帽钩用 M4 的螺钉与固定支架上的卡式螺母连接,8.8 级螺栓的公称屈服强度可达 640 MPa,M4 螺栓的有效面积为 8.78 mm^2,抗剪承载力大于 800 N。

二、时速 250 公里"复兴号"动车组侧墙模块结构

时速 250 公里"复兴号"动车组侧墙模块分窗口墙板和窗下墙板,窗口墙板采用模块化玻

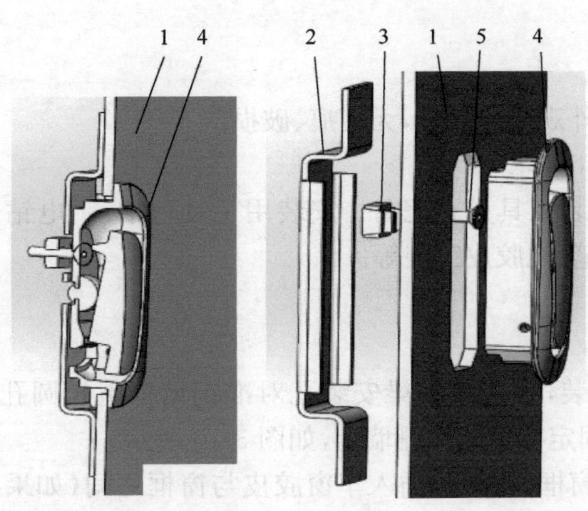

1—玻璃钢墙板；2—固定支架；3—卡式螺母；4—衣帽钩；5—螺钉。

图 3-8 时速 160 公里动力集中动车组衣帽钩与侧墙模块连接

璃钢墙板，集成化设计，集成隐藏式衣帽钩、卷帘和隔热材料等部件，窗下墙板采用印刷铝板。窗口墙板造型复杂，需要一定的刚度和强度，因此采用 SMC 模压玻璃钢制作，厚度为 3 mm。窗下墙板形状简单且不需要承载，采用印刷铝板制作，厚度为 3 mm，减轻重量。侧墙模块组成如图 3-9 所示。

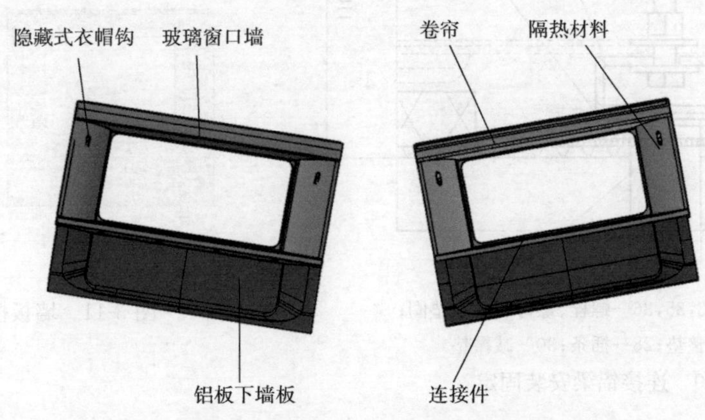

图 3-9 时速 250 公里“复兴号”动车组侧墙模块组成

侧墙模块由玻璃钢窗口墙板、铝板下墙板铝型材连接件、隐藏式衣帽钩、卷帘和隔热材料等部件组成，铝型材连接件和玻璃钢墙板粘接在一起，用于墙板模块和车体钢结构连接。窗口墙板模块和窗下墙板在窗下口搭接相连。墙板与墙板之间、墙板与间壁之间采用对接方式连接，窗口墙板与窗口墙板之间预留 5 mm 缝隙，下墙板与下墙板之间预留 18 mm 缝隙，窗口墙板与间壁之间预留 10 mm 缝隙，下墙板与间壁之间预留 15 mm 缝隙，便于工艺调节。

任务实施

以时速 160 公里动力集中动车组为例。

一、准备工作

1. 确认墙板及配件外观质量良好，无划痕、破损。

2. 确认环境符合施工要求。

3. 确认安装所需工装工具是否完备。安装用工具包括：手电钻、内六角套筒扳手、卷尺(3.5 m)、刷子、靠尺、铅笔、挑胶皮工装等。

二、安装步骤

1. 铝型材连接梁安装，将连接铝梁安装孔对准钢结构上长圆孔，用螺栓 M8×30、螺母 M8、垫圈 8 将连接铝梁固定在钢结构侧墙上，如图 3-10 所示。

2. 将墙板窗口对准窗框，将翻边插入车窗胶皮与窗框之间(如果有线管需先把线管从墙板孔洞引出)，顺墙板边缘将胶皮拉出，不要损坏胶皮，如图 3-11 所示。

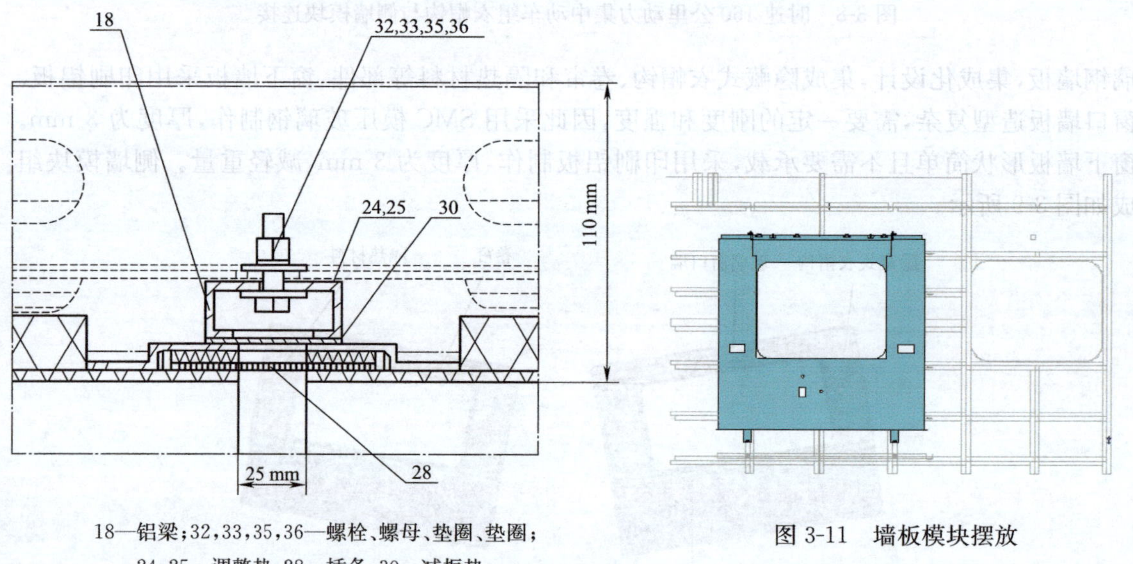

18—铝梁；32，33，35，36—螺栓、螺母、垫圈、垫圈；
24，25—调整垫；28—插条；30—减振垫。

图 3-10　连接铝梁安装固定

图 3-11　墙板模块摆放

3. 墙板下口连接板安装孔对准钢结构上预埋螺套，用螺栓 M8×30、垫圈 8 将墙板预固定在钢结构侧墙上，如图 3-12 所示。

4. 调整侧墙与两侧间壁之间距离满足(25±2) mm，左右距离差不大于 3 mm，且同一缝隙均匀，无大小头，缝隙差不大于 2 mm。

5. 将窗胶皮掀起，用螺钉 M3.5×16 将墙板窗洞翻边固定在窗框上，如图 3-13 所示。使用干净的刷子将胶皮与墙板之间的铁屑等杂质清理干净。

6. 下口螺栓进行紧固。铝梁一侧使用螺钉 M4.2×19 固定，如图 3-14 所示。

7. 将插条从墙板上口插入墙板，与内端墙缝隙不大于 1 mm，如图 3-14 所示。

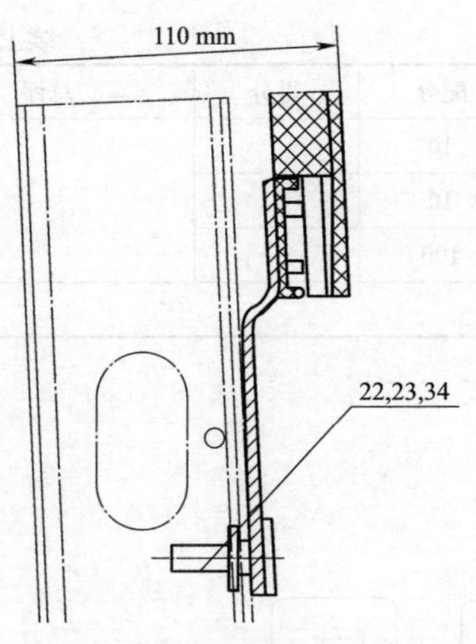

22,23,24—螺套、螺栓、垫圈。

图 3-12　墙板下口连接板安装预固定

37

110 mm

37—螺钉。

图 3-13　墙板窗洞翻边安装预固定

8. 将 U 形卡摆放到墙板上口，卡住安装梁及墙板，紧定螺钉一侧朝向客室。使用内六角扳手将紧定螺钉进行紧固，保证 U 形卡不晃动，如图 3-15 所示。

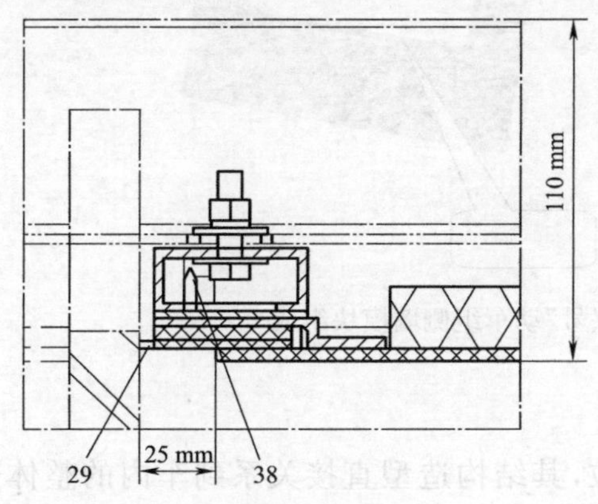

29—插条；38—螺钉。

图 3-14　墙板窗洞翻边安装固定

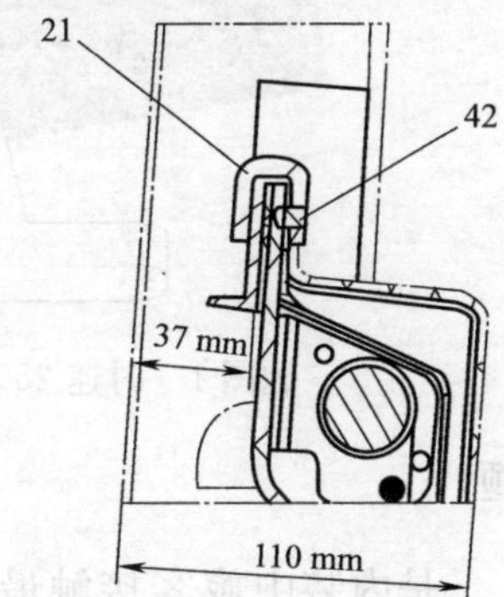

21—U 形卡；42—紧定螺钉。

图 3-15　墙板上口 U 形卡安装固定

9. 将工具整齐摆放至工具箱内，清扫作业现场，使现场整洁、干净。

任务评价

班级		姓名		学号	日期	
序号	评价要点			配分	得分	总评
1	能说出时速 160 公里动力集中动车组侧墙模块的结构			10		A □(86～100) B □(76～85) C □(60～75) D □(60 以下)
2	能说出时速 250 公里“复兴号”动车组侧墙模块的结构			10		
3	能正确完成安装前准备工作			20		
4	能正确进行侧墙模块安装			30		
5	能遵守纪律、以积极的态度接受任务			10		

续上表

序号	评价要点	配分	得分	总评
6	能积极参与小组讨论,团队间相互合作	10		
7	能及时完成老师布置的任务	10		
总分		100		
小组建议				

巩固与练习

一、识图题

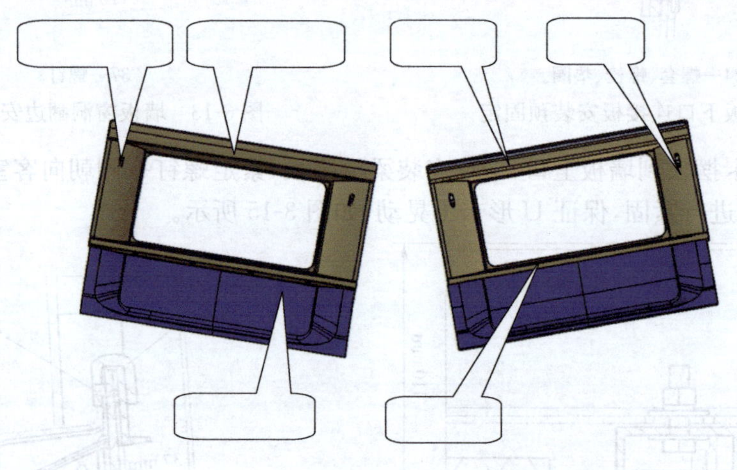

题图1　时速250公里“复兴号”动车组侧墙模块组成

二、填空题

1. ________是内装中旅客接触最多的部位,其结构造型直接关系到车内的整体美观、________、________和________。

2. 墙板模块由________、________、________隐藏式衣帽钩、卷帘和隔热材料等部件组成。

3. 墙板和墙板之间采用________连接。

三、简答题

1. 动车组侧墙模块的主要功能是什么?
2. 动车组侧墙模块的主要材料是什么,其主要性能有哪些?
3. 请说明时速250公里“复兴号”动车组侧墙模块的结构组成。
4. 为何窗口墙板、窗下墙板和间壁之间要留间隙?
5. 试列出安装侧墙模块所需的工具。

项目四　车顶模块

学习目标

1. 知识目标

(1)了解动车组车顶模块。

(2)熟悉动车组车顶模块的主要功能。

(3)熟悉动车组车顶模块的主要材料。

2. 能力目标

(1)能分析动车组车顶模块的结构。

(2)会正确选择工具并进行动车组车顶模块的安装。

3. 素质目标

(1)培养学生执着专注的精神。

(2)培养学生实事求是的精神。

任务一　车顶模块的认知

任务描述

车顶模块主要用来隔离外界环境与车厢内的热量和噪声传递，将车厢内的温度和噪声控制在旅客舒适的状态。它主要由车顶骨架和车顶板组成。本任务的主要内容是介绍车顶模块的位置、组成和作用。通过本任务的学习，了解车顶模块的组成和功能，掌握车顶模块的主要材料。

知识链接

一、概　　述

车顶模块为动车组车辆内装在车长方向上的顶部表面，车顶也称为高顶，是旅客乘坐的区域，如座车客室、卧车包间的顶板，为了保证旅客的舒适度，车顶一般设计的距地板布面较高。车顶模块主要由车顶骨架和车顶板组成，座车顶板分中顶和侧顶。座车车顶模块跟行李架、间壁和车内显示屏等存在接口关系。卧车车顶模块跟行李台、间壁和空调出风口等存在接口关系。车顶模块组成如图 4-1 所示。

二、车顶模块的主要功能

1. 装饰功能

车顶模块旅客接触不到，但是一抬头就看见的部位，其结构造型直接影响车内的整体美观和旅客的空间感和舒适度。

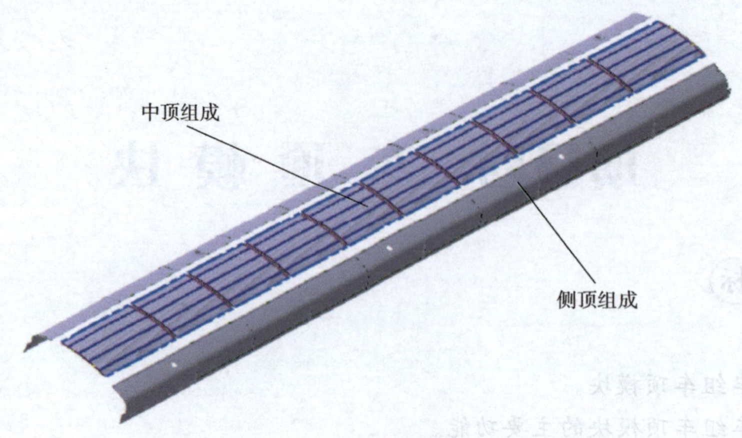

图 4-1　车顶模块组成

2. 承载功能

车顶模块可以安装探头、灯具、播音器和出风口等一些小设备件。车顶则作为这些小设备件的支撑。

3. 防护功能

车顶模块与车体车顶形成了一空腔，用来防护其中的电线电缆、水管、空调风道等设备件。

4. 隔离功能

车顶模块主要的功能就是隔离，用来隔离外界环境与车厢内的热量和噪声传递，将车厢内的温度和噪声控制在旅客舒适的状态。

三、车顶模块的主要材料

1. 玻璃钢材质

车顶模块由于其造型复杂，一般都是弧形，通常采用玻璃钢材质制作，玻璃钢材质易于成形，能够实现轻量化要求，顶板板背面覆盖矿物棉隔热材料，具有良好的隔声隔热功能。在墙板承力部位增加铝型材骨架补强增加强度。时速 160 公里动力集中动车组座车客室中顶板、侧顶板、卧车侧顶板和时速 250 公里“复兴号”动车组侧顶板都是玻璃钢材质。

2. 瓦楞板

时速 250 公里“复兴号”动车组中顶板采用瓦楞板制作，瓦楞板总厚度为 10 mm，由面板、中间波纹板和背板组成，如图 4-2 所示。面板为 0.8 mm 厚铝板，背板为 0.5 mm 厚铝板。中顶板车宽方向是弧形结构，本身刚度很好，中间波纹板波纹是沿车长方向设置，增加中顶板在车长方向上的强度和刚度。瓦楞板顶板理化性能及试验方法见表 4-1。

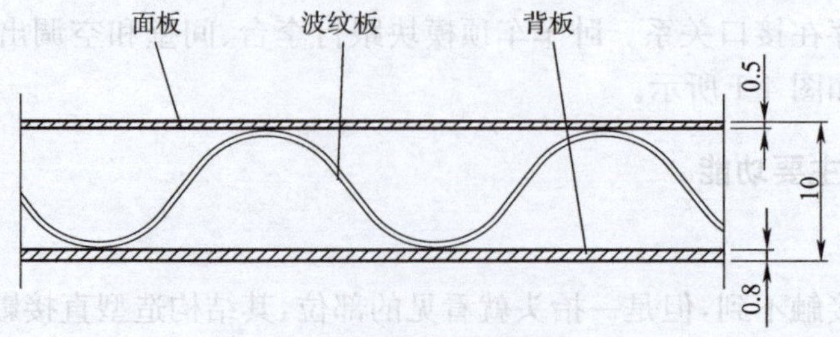

图 4-2　瓦楞板结构(单位:mm)

表 4-1　瓦楞板顶板理化性能及试验方法

项　　目	单　　位	参　　数	试验方法
剥离强度(横纵向)	N/mm	≥40	GB/T 1457
三点弯曲破坏载荷(横纵向)	MPa	≥40	GB/T 1456
拉伸强度	MPa	≥2.5	GB/T 1452
抗压强度	MPa	≥2	GB/T 1453

3. 复合板

时速 160 公里动力集中动车组硬卧车客室中顶板采用一种复合板材质,这种复合板以胶合板为基材,双面粘接铝板,铝板上面再粘接塑料贴面高压板装饰板,顶板总厚度为 12 mm,基材胶合板厚 8 mm,铝板和塑料贴面板高压装饰板厚 1 mm。塑料贴面高压板装饰板是用氨基树脂(主要是三聚氰胺树脂)浸渍的表层纸、装饰纸和用酚醛树脂浸渍的底层纸,层积后在高压下热压而成的一种装饰材料,简称高压装饰板(HPL)。高压装饰板具有耐磨、抗划伤、抗渗透、防潮、防褪色、抗污渍、易清洁等特点。

4. 铝蜂窝板

铝蜂窝板为高平整度板面两层铝板中间夹以高强度铝蜂窝芯材的板型结构材料,如图 4-3 所示。表面处理工艺有聚酯喷涂、氟碳喷涂、辊涂、热转印、贴面等。铝蜂窝板有重量轻、隔声、隔热、防火、环保、不易碎、刚性强不变形等优点。时速 160 公里动力集中动车组软卧车客室中顶板采用铝蜂窝板材质,中顶板总厚度为 1 mm,10 mm 厚的铝蜂窝板加两面各 1 mm 厚的塑料贴面板高压装饰板,铝蜂窝板由面板、芯材、型材骨架预埋件、背板构成。

(1)面板

厚度:0.5 mm。

材质:铝板 5052-H32。

(2)芯材

芯材材质:铝蜂窝。

密度:53 kg/m³。

芯材芯格公称边长:4 mm。

芯材芯格公称厚度:0.05 mm。

芯材芯格材质:铝板 3003-H18-NR。

(3)型材骨架预埋件

材质:6063-T5。

(4)背板

厚度:0.5 mm。

材质:铝板 5052-H32。

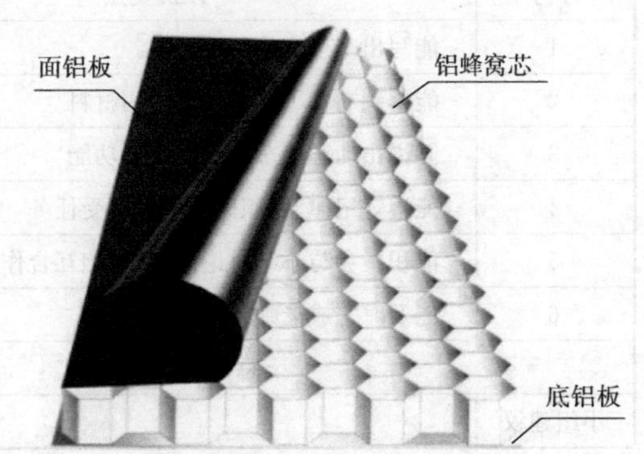

图 4-3　铝蜂窝板结构示意图

学习任务单

学习任务	动车组车顶模块认知
目标	1. 知道车顶模块的结构 2. 知道车顶模块的主要功能 3. 熟悉车顶模块的材料

续上表

班级		姓名	
小组		日期	
【任务内容】 1. 写出车顶模块组成。 2. 说出车顶模块的常用材料。 3. 认识车顶模块的主要功能。			

任务评价

班级		姓名		学号		日期	
序号	评价要点			配分		得分	总评
1	能写出车顶模块组成			20			
2	能辨别动车组车顶模块常用材料			30			
3	能说出动车组车顶模块主要功能			20			A □(86～100) B □(76～85) C □(60～75) D □(60 以下)
4	能遵守纪律、以积极的态度接受任务			10			
5	能积极参与小组讨论,团队间相互合作			10			
6	能及时完成老师布置的任务			10			
总分				100			
小组建议							

任务二　车顶模块的结构与安装

任务描述

本任务的主要内容是介绍时速 160 公里动力集中动车组和时速 250 公里“复兴号”动车组车顶模块的结构和安装步骤。通过本任务的学习,完成车顶模块安装的准备工作,并迅速、正确安装时速 160 公里动力集中动车组车顶模块。

知识链接

一、时速 160 公里动力集中动车组车顶模块结构

时速 160 公里动力集中动车组座车车顶模块由车顶骨架、中顶板和侧顶板组成，如图 4-4 所示。客室内有两条通长的灯带型材，车顶骨架和中顶板都在灯带型材上固定，车顶骨架用于中顶板对接时挡缝和固定，如图 4-5 所示。中顶板跟灯带型材通过螺钉连接，侧顶板上部跟灯带型材通过铆螺母和螺钉连接，下部跟行李架型材连接固定，如图 4-6、图 4-7 所示。

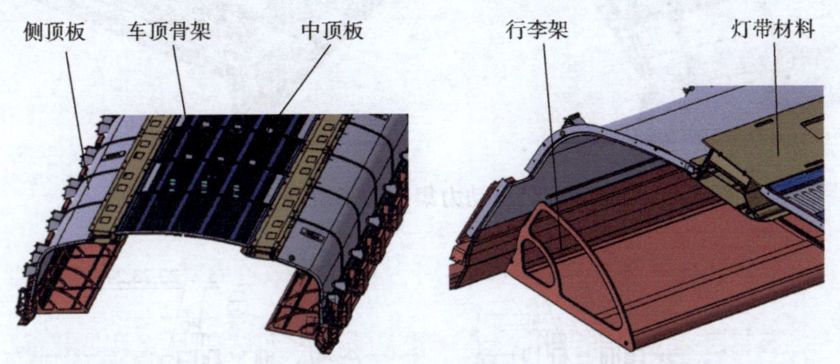

图 4-4　时速 160 公里动力集中动车组座车车顶模块组成

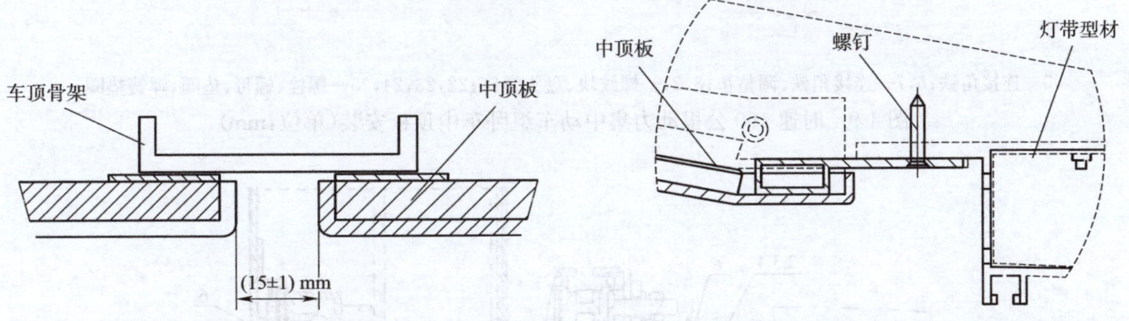

图 4-5　时速 160 公里动力集中动车组座车车顶骨架　图 4-6　时速 160 公里动力集中动车组座车中顶板安装

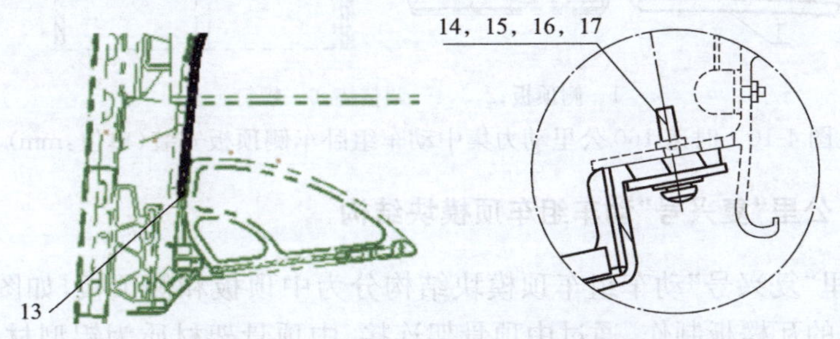

13—自攻螺钉；14,15,16,17—垫圈、弹簧垫圈、螺钉、垫圈。

图 4-7　时速 160 公里动力集中动车组座车侧顶板安装

时速 160 公里动力集中动车组卧车车顶模块也是由车顶骨架、中顶板和侧顶板组成，每个包间车顶为一个车顶模块，如图 4-8 所示。车顶骨架为铝型材组成的框架结构，通过连接铁和

间壁连接，中顶板通过连接铁和车顶骨架连接，如图 4-9 所示，侧顶板上部通过连接铁和车顶骨架连接，下部通过螺钉和固定在车体钢结构上的铝型材连接梁固定，如图 4-10 所示。

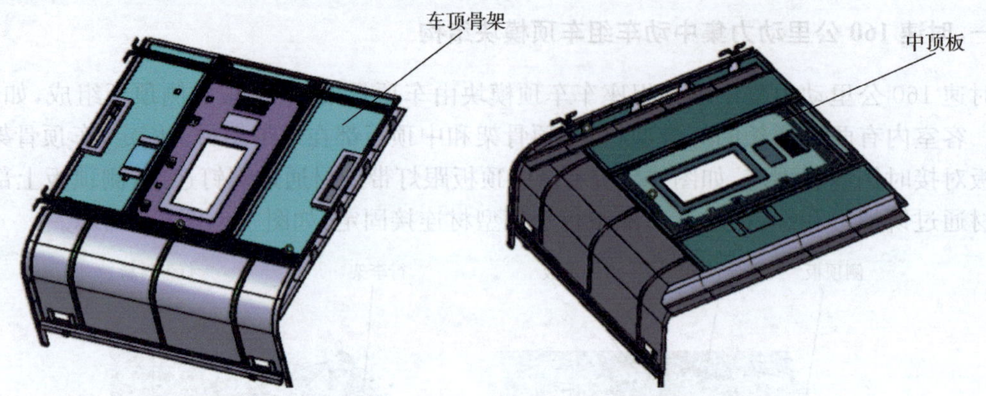

图 4-8　时速 160 公里动力集中动车组卧车车顶模块组成

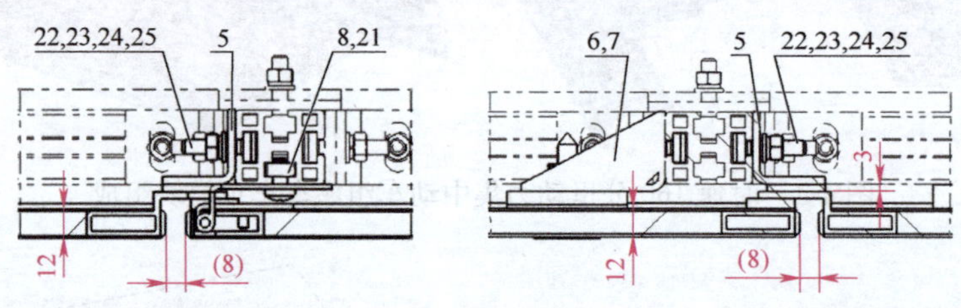

5—连接角铁；6，7—连接角铁、调整垫；8，21—螺纹块、盘头螺钉；22，23，24，25—螺栓、螺母、垫圈、弹簧垫圈。

图 4-9　时速 160 公里动力集中动车组卧车中顶板安装（单位：mm）

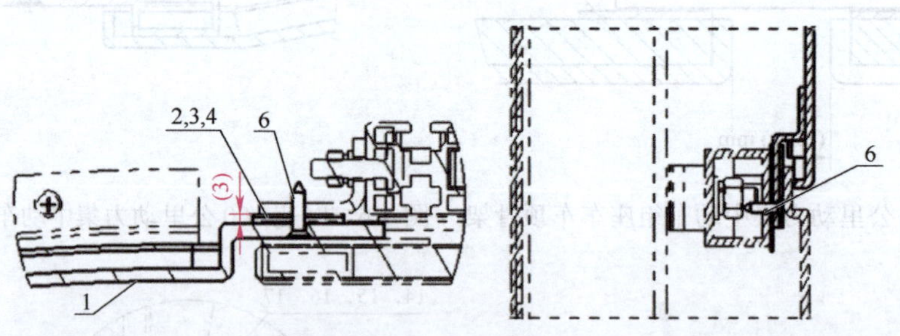

1—侧顶板；2，3，4—调整垫；6—螺钉。

图 4-10　时速 160 公里动力集中动车组卧车侧顶板安装（单位：mm）

二、时速 250 公里“复兴号”动车组车顶模块结构

时速 250 公里“复兴号”动车组车顶模块结构分为中顶板和侧顶板，如图 4-11 所示，中顶板采用 10 mm 厚的瓦楞板制作，通过中顶骨架连接，中顶骨架材质为铝型材 6063-T5，和车体 C 形槽或风道吊梁连接，如图 4-12 所示。侧顶板采用 3 mm 厚的 SMC 模压玻璃钢制作，侧顶板上口通过侧顶骨架与中顶板连接，顶骨架材质为铝型材 6063-T5。侧顶板下口固定分两种形式，一是固定侧顶板，下口直接与行李架型材插接固定；二是带检查门的侧顶板，下口与行李架形成通过螺钉固定，侧顶板本身带插接可打开的检查门，侧顶骨架预留安装结构，可安装通

长灯带，如图 4-13 所示。

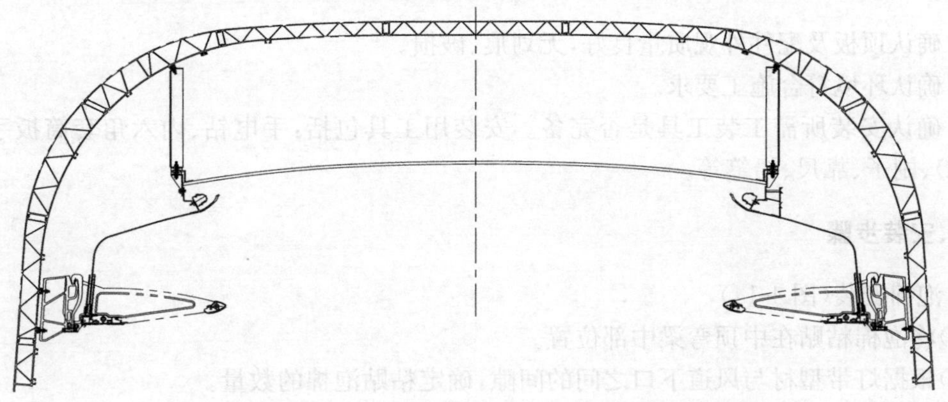

图 4-11　时速 250 公里“复兴号”动车组座车车顶模块组成

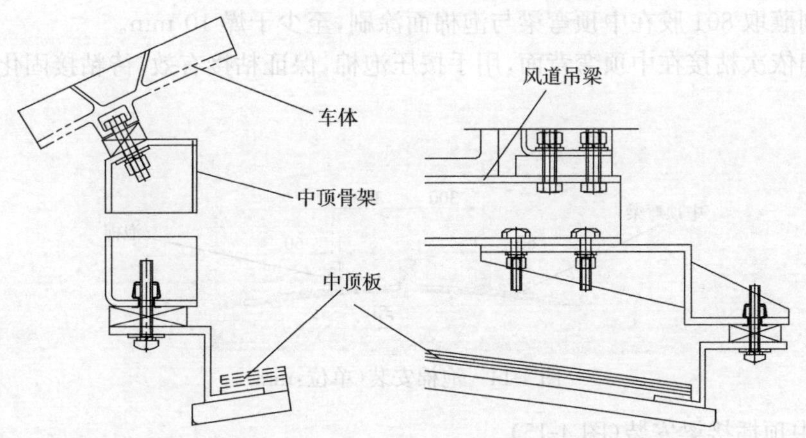

图 4-12　时速 250 公里“复兴号”动车组座车中顶板安装

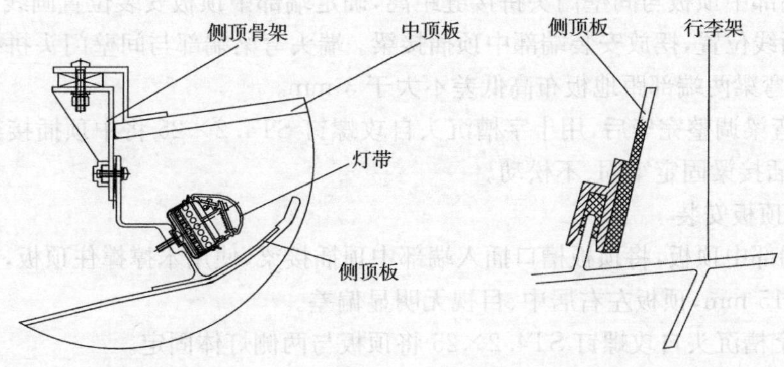

图 4-13　时速 250 公里“复兴号”动车组座车侧顶板安装

任务实施

以时速 160 公里动力集中动车组座车为例。

一、准备工作

1. 确认顶板及配件外观质量良好，无划痕、破损。

2. 确认环境符合施工要求。

3. 确认安装所需工装工具是否完备。安装用工具包括：手电钻、内六角套筒扳手、卷尺(3.5 m)、刷子、靠尺、铅笔等。

二、安装步骤

1. 泡棉安装(图 4-14)

(1)将泡棉粘贴在中顶弯梁中部位置。

(2)根据灯带型材与风道下口之间的间隙，确定粘贴泡棉的数量。

(3)粘贴泡绵在弯梁中部位置及距中部位置，两侧共 3 处位置粘贴泡棉。

注：①泡棉粘贴前用异丙醇擦拭粘贴面，至少干燥 10 min。

②用毛刷蘸取 801 胶在中顶弯梁与泡棉面涂刷，至少干燥 10 min。

③将泡棉依次粘接在中顶弯背面，用手按压泡棉，保证粘接有效，待粘接固化 10 min 后方可装车。

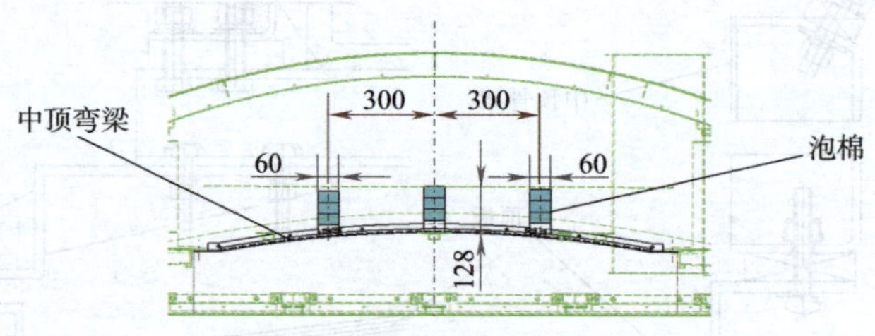

图 4-14　泡棉安装(单位：mm)

2. 端部中顶插接梁安装(图 4-15)

(1)端部中顶板与端部中顶插接梁配合安装，将其整体装配，摆放至安装位置。

(2)调整端部中顶板与间壁门头拼接缝距离，确定端部中顶板安装位置画线。

(3)根据画线位置，摆放安装端部中顶插接梁。端头弯梁端部与间壁门头拼接缝隙距离差不大于 2 mm，弯梁两端部距地板布高低差不大于 3 mm。

(4) 端部弯梁调整完毕后，用十字槽沉头自攻螺钉 ST4.2×25 将中顶插接梁固定在客室隔间间壁上。插接梁固定牢固、不松动。

3. 端部中顶板安装

(1)抬起端部中顶板，将顶板槽口插入端部中顶插接梁，使用木撑撑住顶板，调整顶板与间壁之间间隙约 15 mm，顶板左右居中、目视无明显偏差。

(2) 用十字槽沉头自攻螺钉 ST4.2×25 将顶板与两侧灯体固定。

4. 中顶弯梁安装(图 4-16)

(1)中顶从一位端向二位端安装。装完一块顶板，再安装中顶弯梁。

(2)中顶弯梁安装根据中顶板与中顶板之间缝隙确定，中顶弯梁不得外漏。

(3)将中顶弯梁塞入中顶板之间，用十字槽沉头自攻螺钉 ST4.2×25 将中顶弯梁固定在灯带梁上。

(4)中顶弯梁海绵需与风道之间紧密贴严。

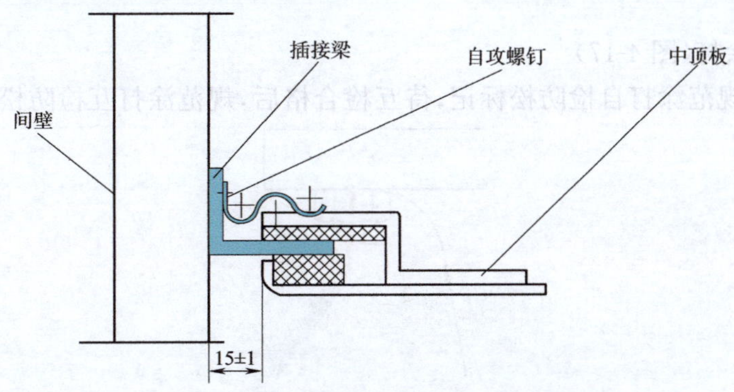

图 4-15　端部中顶插接梁安装(单位:mm)

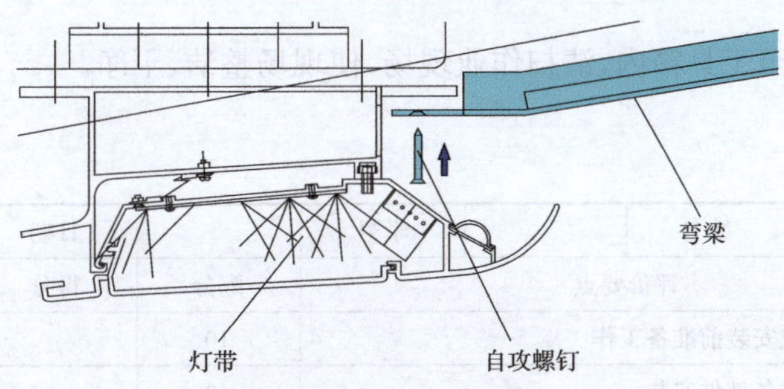

图 4-16　中顶弯梁安装

5. 中顶板预安装

(1)抬起后续顶板,如有孔洞需将电线理出。

(2)用木撑撑住顶板,用定位块调整顶板与前面顶板之间的间隙约为 15 mm。

(3)用 4 颗螺钉将顶板与两边灯体及弯梁固定,待顶板全部调整完后再装齐螺钉。

(4)顶板与顶板接缝处高低差不大于 3 mm。

6. 中顶板安装

(1)检查各顶板之间间隙以及顶板与间壁之间缝隙满足(5±2) mm,且全车各缝隙均匀。对不满足要求微调至满足要求。

(2)全车调整完毕后,用十字槽沉头自攻螺钉 ST4.2×25 将中顶板与两边灯体及弯梁固定,全部固定齐全。

7. 端部边顶插接梁安装

(1) 确定端部边顶安装位置画出边顶轮廓线。

(2) 以轮廓线为基准向内侧方向偏移 10 mm 画出边顶插接梁安装线。

(3) 将边顶插接梁摆放至画线位置,用十字槽沉头自攻螺钉 ST4.2×25 将边顶插接梁固定到两端圆头。插接梁固定牢固可靠、不松动。

8. 侧顶板安装

(1) 边顶板从一位端向二位端安装,依次抬起边顶板摆放到安装位置并用木撑撑住,将边顶板螺钉安装孔与灯体、行李架上螺钉安装孔对齐,用盘头螺钉 M5×25 带齐平弹簧垫圈(图 4-7 中件号 14、15、16、17)固定。

(2) 边顶板安装牢固、顺直，边顶板接缝均匀、用定位块调整固定，缝隙在(15±2) mm，与中顶板接缝对齐。

9. 防松标记涂打(图 4-17)

自检合格后，规范涂打自检防松标记；待互检合格后，规范涂打互检防松标记。

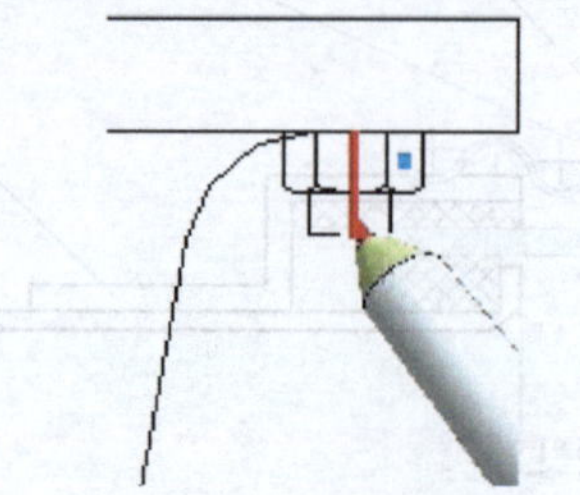

图 4-17 防松标记涂打

10. 安装完毕

将工具整齐摆放至工具箱内，清扫作业现场，使现场整洁、干净。

任务评价

班级		姓名		学号		日期	
序号	评价要点			配分		得分	总评
1	能正确完成安装前准备工作			10			A □(86～100) B □(76～85) C □(60～75) D □(60 以下)
2	能正确完成各部件安装			40			
3	能正确完成安装后整理工作			20			
4	能遵守纪律、以积极的态度接受任务			10			
5	能积极参与小组讨论，团队间相互合作			10			
6	能及时完成老师布置的任务			10			
	总分			100			
小组建议							

巩固与练习

一、识图题

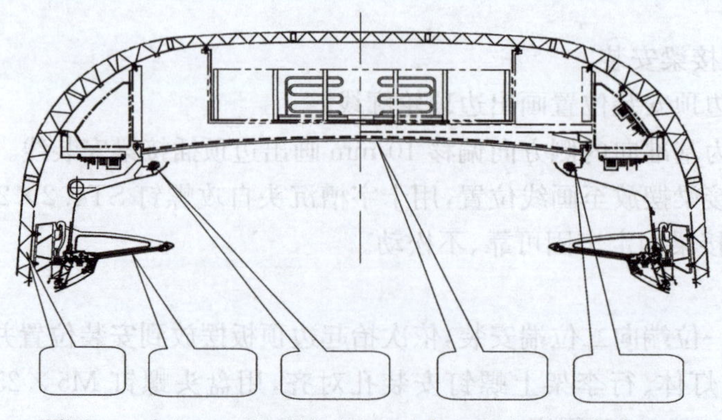

题图 1 时速 250 公里“复兴号”动车组座车车顶模块组成

二、填空题

1. 车顶模块主要由________和________组成。
2. 座车车顶模块跟行李架、间壁和________等存在接口关系。
3. 卧车车顶模块跟行李架、间壁和________等存在接口关系。
4. 车顶模块的常用材料有：________、________、________、________。
5. 侧顶板下口固定分两种形式，一是________，二是________。

三、简答题

1. 动车组车顶模块的主要功能有哪些？
2. 动车组车顶模块的主要材料是什么？
3. 简述时速 160 公里动力集中动车组车顶模块的结构组成及其连接关系。
4. 时速 250 公里“复兴号”动车组车顶模块中顶板和侧顶板分别采用什么制作？
5. 简述车顶模块的安装步骤。

项目五 平 顶 模 块

学习目标

1. 知识目标

(1)熟悉平顶模块的种类及其功能。

(2)熟悉平顶模块的常用材料。

2. 能力目标

(1)会分析动车组平顶模块的结构及其关系。

(2)能正确选择工具并进行动车组平顶模块的安装。

3. 素质目标

(1)培养安全第一的责任意识。

(2)培养良好的观察能力、动手能力和分析能力。

任务一 平顶模块的认知

任务描述

平顶模块主要用来隔离外界环境与车厢内的热量和噪声传递,将车厢内的温度和噪声控制在旅客舒适的状态。平顶模块的平顶根据位置一般分为一位端平顶、大走廊平顶和二位端平顶。本任务内容是介绍平顶模块的结构、功能以及常用材料。通过本任务的学习,熟悉平顶模块的组成、功能,清楚平顶模块的常用材料,完成平顶模块的正确安装等内容。

知识链接

一、概　　述

平顶模块是与车顶(高顶)相对的,动车组内装在车辆端部因为要在内装顶和钢结构圆顶之间放置水箱等设备件,为了满足设备件的放置空间,内装顶就不能做成圆顶,而改为平顶,另外车辆端头车体为了安装空调机组,车顶做成了平顶,内装顶也只能一样做平顶。卧车包间外大走廊顶板上方需要预留空间作为包间旅客放置大件行李的行李台,因此包间大走廊平顶也设计为平顶。平顶根据位置一般分为一位端平顶、大走廊平顶(卧车有)和二位端平顶,如图 5-1 所示。平顶受空间限制,一般距地板布面高度在 2 050 mm 左右,平顶上面一般还设计有可检修设备的检查门,平顶模块的设计对整车的外观有很大的影响。

二、平顶模块的主要功能

1. 装饰功能

平顶模块为动车组车辆两端过道的顶部装饰表面,是旅客进入车内的第一印象,其结构造型决定了旅客对车辆的第一感觉。

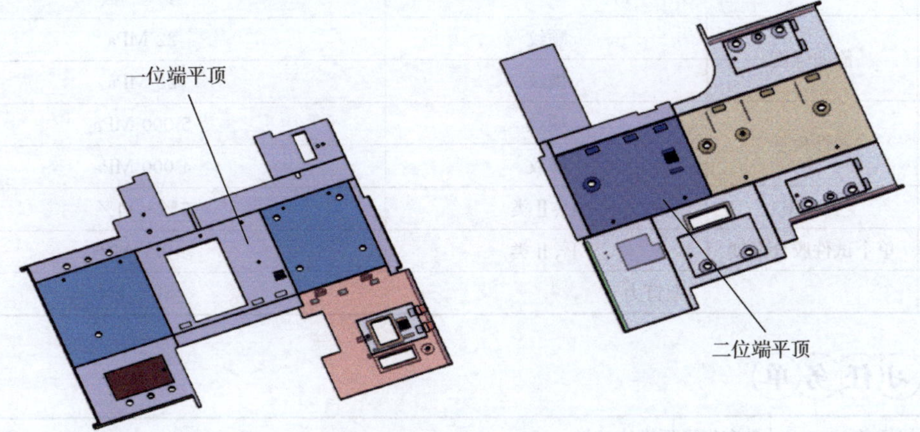

图 5-1　平顶模块组成

2. 承载功能

平顶模块上可以安装探头、灯具、播音器和出风口等一些小设备件，作为这些小设备件的支撑。

3. 防护功能

平顶模块与车体平顶形成了一空腔，用来防护其中的电线电缆、水管、空调风道等设备件。

4. 隔离功能

平顶模块主要的功能就是隔离，用来隔离外界环境与车厢内的热量和噪声传递，将车厢内的温度和噪声控制在旅客舒适的状态。

5. 维护功能

平顶上面设置检查门，用来检查和维护平顶上面给水、电气、空调和门机构等设备件。

三、平顶模块的主要材料

1. 复合板

时速 160 公里动力集中动车组一位端和二位端平顶采用复合板制作，厚度为 12 mm。

2. 瓦楞板

时速 250 公里“复兴号”动车组一位端和二位端平顶采用瓦楞板制作，瓦楞板总厚度为 10 mm。

3. 塑料贴面胶合板

时速 160 公里动力集中动车组卧车大走廊采用塑料贴面胶合板，该板用 20 mm 厚的胶合板双面各粘接 1 mm 厚的塑料贴面高压板装饰板制作，总厚度为 22 mm，有很好的强度和刚度，可以承受上面放置的行李的重量。胶合板是由单板构成的多层材料，通常按单板的纹理方向大致垂直组坯胶合而成的板材。胶合板面板的树种为该胶合板的树种，国产阔叶材椴木、水曲柳、桦木、柞木、杨木等，以及进口阔叶材柳桉等都是适合做胶合板的树种。平顶使用胶合板主要物理性能参数见表 5-1。高压装饰板具有很强耐磨性能，可以防止行李在平顶上面移动而划伤顶板。

表 5-1　厚 20 mm 平顶胶合板主要物理性能参数

序号	项　目		参　数
1	静曲强度	顺纹	22 MPa
		横纹	22 MPa
2	弹性模量	顺纹	5 000 MPa
		横纹	4 000 MPa
3	含水率	Ⅰ、Ⅱ类	5%～14%
4	单个试件胶合强度	Ⅰ、Ⅱ类	≥0.7 MPa
5	握钉力		≥1.5 kN

学习任务单

学习任务	动车组平顶模块认知		
目标	1. 知道平顶模块的结构 2. 知道平顶模块的主要功能 3. 熟悉平顶模块的材料		
班级		姓名	
小组		日期	

【任务内容】

1. 写出平顶模块组成。

2. 说出平顶模块的常用材料。

3. 认识平顶模块的主要功能。

任务评价

班级		姓名		学号		日期	
序号	评价要点			配分	得分	总评	
1	能写出平顶模块组成、功能			30		A □(86～100) B □(76～85) C □(60～75) D □(60 以下)	
2	能辨别动车组平顶模块常用材料			40			
3	能遵守纪律、以积极的态度接受任务			10			
4	能积极参与小组讨论,团队间相互合作			10			
5	能及时完成老师布置的任务			10			
	总分			100			
小组建议							

任务二　平顶模块的结构与安装

任务描述

为了保证实现平顶模块的隔离、装饰、承载、防护等功能，要清楚平顶模块的结构并正确安装。本任务主要介绍时速 160 公里动力集中动车组和时速 250 公里“复兴号”动车组的平顶模块结构组成、安装步骤。通过本任务的学习，熟悉动车组平顶模块的结构组成，做好安装前准备工作，并正确安装时速 160 公里动力集中动车组平顶模块。

知识链接

一、时速 160 公里动力集中动车组平顶模块结构

时速 160 公里动力集中动车组平顶模块由平顶骨架和平顶板组成。平顶骨架由铝型材(6063-T5)组成一个框架，通过连接铁和焊接在车体上的 C 形槽连接，如图 5-2 所示。平顶板通过连接铁和平顶骨架连接，如图 5-3 所示。平顶分块处一般在平顶骨架下方对接，留 12 mm 调节缝，如图 5-4 所示。平顶上设置检查门，检查门一端设置折页，另一端采用紧定螺钉锁闭和开启，如图 5-5 所示。

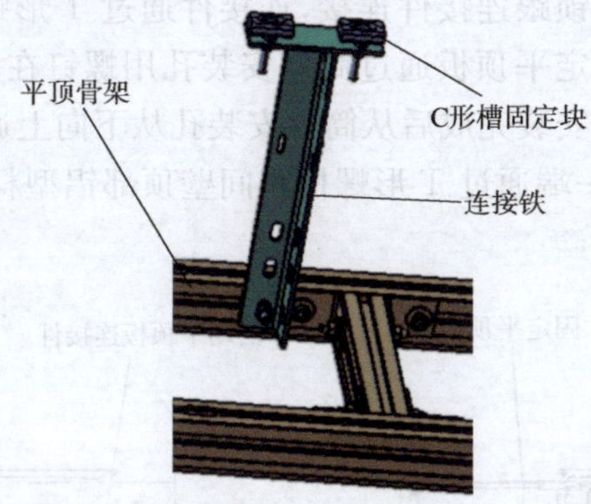

图 5-2　时速 160 公里动力集中动车组座车平顶骨架安装

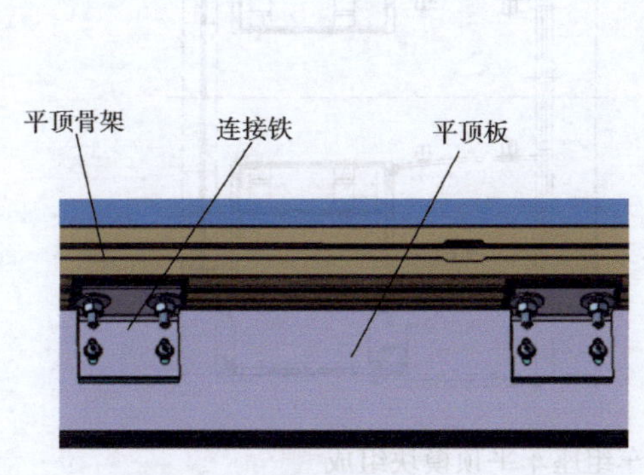

图 5-3　时速 160 公里动力集中动车组座车平顶板安装

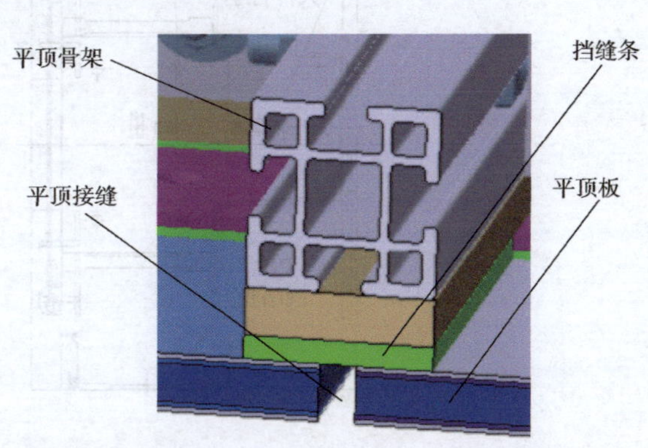

图 5-4　时速 160 公里动力集中动车组座车平顶板接缝

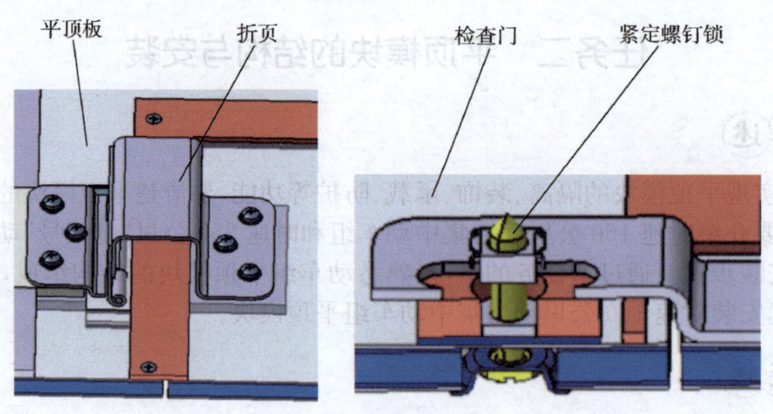

图 5-5　时速 160 公里动力集中动车组座车平顶检查门安装

二、时速 250 公里“复兴号”动车组平顶模块结构

时速 250 公里“复兴号”动车组平顶模块结构分为活动平顶板和固定平顶板，骨架分为活动平顶板连接件和固定平顶板连接骨架，如图 5-6 所示。平顶板采用 10 mm 厚的瓦楞板制作，活动平顶板通过紧定螺钉锁跟连接件连接，连接件通过 T 形螺栓跟间壁顶部铝型材滑槽连接固定，如图 5-7 所示。固定平顶板通过筒灯安装孔用螺钉在平顶板铝型材骨架上现车配钻螺纹孔固定，筒灯在平顶板安装完成后从筒灯安装孔从下向上通过卡簧卡住固定，正好挡住平顶板安装螺钉。平顶骨架一端通过 T 形螺栓跟间壁顶部铝型材滑槽连接，另一端和端部连接件连接，如图 5-8 所示。

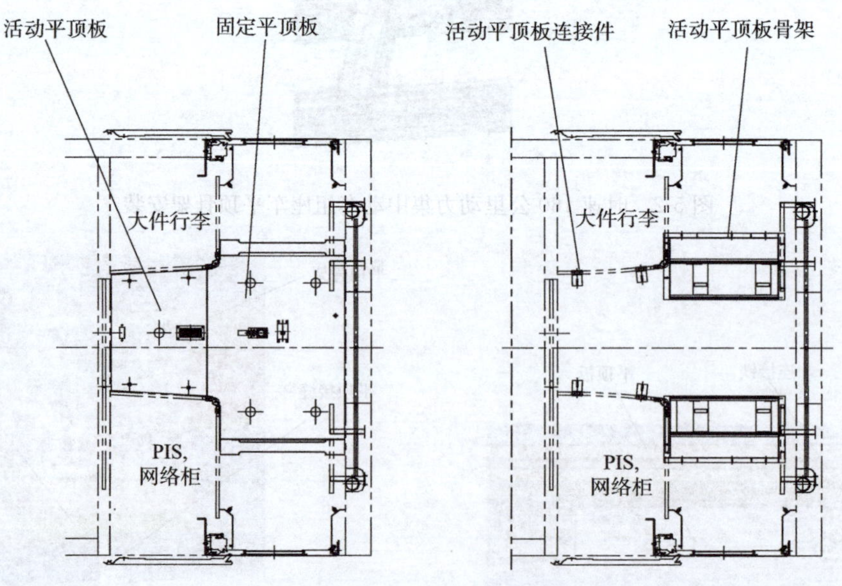

图 5-6　时速 250 公里“复兴号”动车组座车平顶模块组成

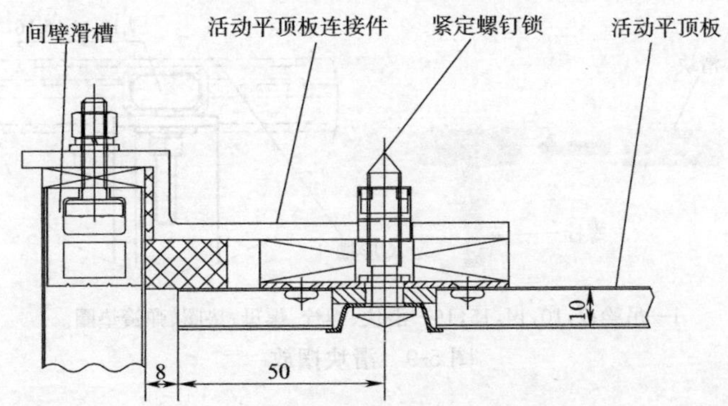

图 5-7　时速 250 公里“复兴号”动车组座车活动平顶板安装(单位:mm)

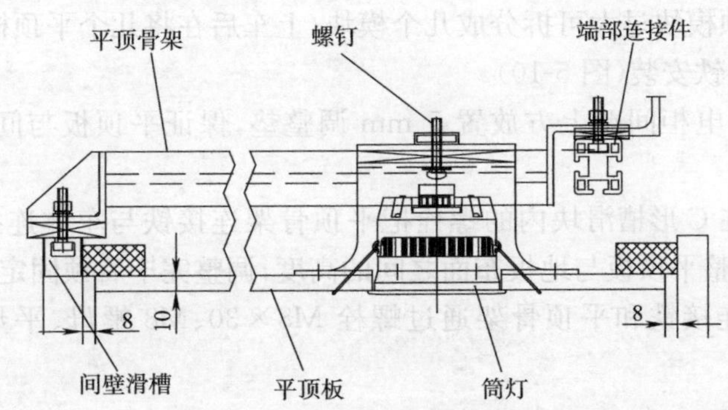

图 5-8　时速 250 公里“复兴号”动车组座车固定平顶板安装(单位:mm)

任务实施

以时速 160 公里动力集中动车组座车为例。

一、准备工作

1. 确认顶板及配件外观质量良好,无划痕、破损。

2. 确认环境符合施工要求。

3. 确认安装所需工装工具是否完备。安装用工具包括:手电钻、内六角套筒扳手、卷尺(3.5 m)、棘轮扳手、靠尺、铅笔、记号笔等。

二、安装步骤

1. 平顶模块车下组装

把平顶骨架和平顶板在车下组装成一体(不包含平顶骨架连接铁),一体上车安装(如平顶模块太大无法整体上车,则可根据现车情况分成几个合适的模块)。

2. 滑块摆放

(1)将螺栓 M8×30 放置滑块内组成一体。

(2)将滑块按图 5-9 所示摆放至车体钢结构顶部 C 形槽内。

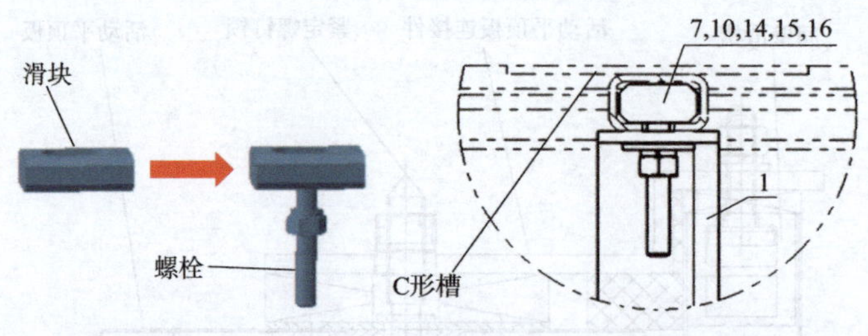

1—吊梁；7，10，14，15，16—滑块、螺栓、螺母、垫圈、弹簧垫圈。

图 5-9 滑块摆放

3. 平顶模块预装

(1)将平顶板整体从端门摆入卫生间间壁上方，下口用撑杆撑起。

(2)如果由于平顶模块过大可拆分成几个模块，上车后在将几个平顶模块组装成一体。

4. 平顶骨架连接铁安装(图 5-10)

(1)在卫生间、配电柜间壁上方放置 5 mm 调整垫，保证平顶板与间壁之间有 5 mm 高度差。

(2)通过预放置在 C 形槽滑块内的螺栓把平顶骨架连接铁与车体连接起来，滑块与连接铁之间增加调整垫调整平顶板与地板布面之间的高度，调整完毕后预固定。

(3)把平顶骨架连接铁和平顶骨架通过螺栓 M8×30、M8 螺母、平垫圈、弹簧垫圈连接起来。

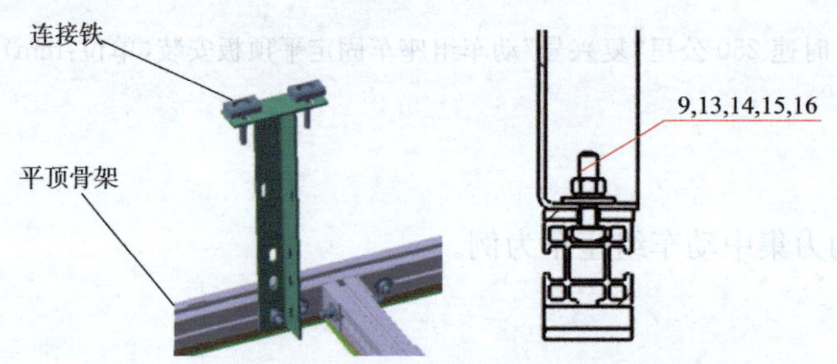

图 5-10 平顶骨架连接铁安装

9，13，14，15，16—连接铁、螺栓、螺母、平垫圈、弹簧垫圈

5. 平顶模块缝隙调整

(1)调整通过台平顶板与车体外墙距离，理论尺寸 620 mm，两侧误差不得超过 5 mm。

(2)调整平顶板与外端墙距离，理论尺寸 60 mm(含毛刷)，两侧距离差不得超过 3 mm。

(3)调整平顶板与端隔间间壁密贴，缝隙不得超过 2 mm。

(4)调整平顶板与卫生间间壁、乘务员室间壁、配电柜间壁、电茶炉间壁距离，理论尺寸 5 mm，平顶板接缝处两顶板高低差不大于 1 mm。

6. 平顶模块固定

平顶板各尺寸调整完毕后，从检查门进入，将各骨架连接铁上螺栓紧固到位，弹簧垫圈压平。

7. 防松标记涂打

自检合格后，规范涂打自检防松标记；待互检合格后，规范涂打互检防松标记。

8. 安装完毕

将工具整齐摆放至工具箱内，清扫作业现场，使现场整洁、干净。

任务评价

班级		姓名		学号		日期	
序号	评价要点			配分	得分	总评	
1	说出时速 160 公里动力集中动车组平顶模块的结构			10		A □(86～100) B □(76～85) C □(60～75) D □(60 以下)	
2	说出时速 250 公里“复兴号”动车组平顶模块的结构			10			
3	能正确完成平顶模块安装前的准备工作			20			
4	能正确进行平顶模块的安装			30			
5	能遵守纪律，以积极的态度接受任务			10			
6	能积极参与小组讨论，团队间相互合作			10			
7	能及时完成老师布置的任务			10			
总分				100			
小组建议							

巩固与练习

一、识图题

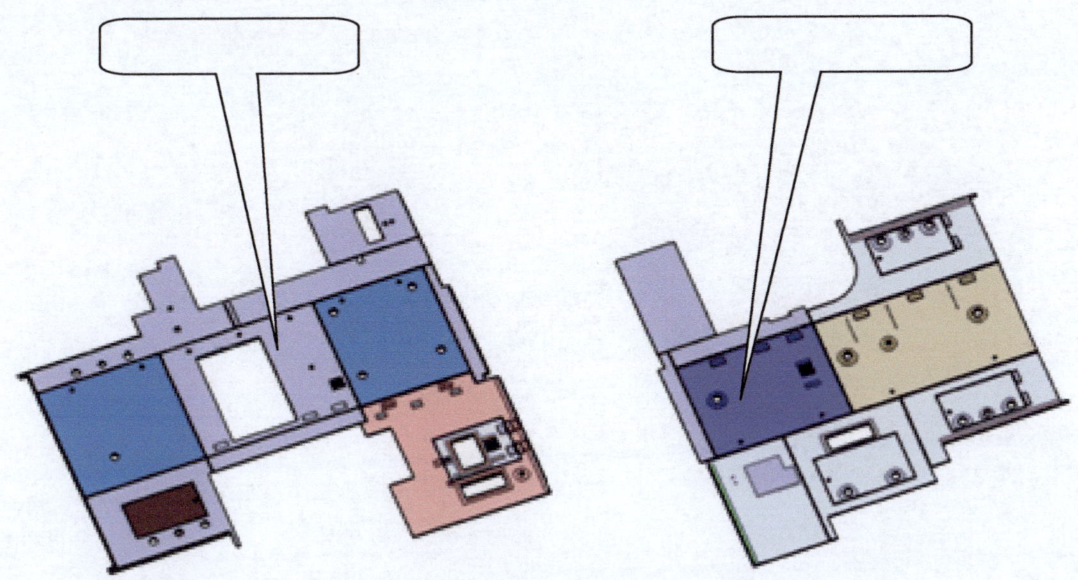

题图 1　平顶模块组成

二、填空题

1. 平顶根据位置一般分为________、________和二位端平顶。
2. 平顶模块的常用材料有：________、________、________。
3. 平顶模块的安装用工具包括：________、________、________、棘轮扳手、靠尺、铅笔、记号笔等。
4. 平顶板与外端墙距离调整理论尺寸为________，两侧距离差不得超过________。

三、简答题

1. 平顶根据位置不同一般分为哪些？
2. 简述平顶模块的主要功能。
3. 简述平顶模块的常用材料。
4. 时速 160 公里动力集中动车组卧车大走廊主要采用什么制作？其性能如何？
5. 平顶模块是如何安装的？

项目六　间 壁 模 块

学习目标

1. 知识目标

(1)熟悉间壁的概念和功能。

(2)熟悉间壁的主要材料。

(3)熟悉间壁的各种类型。

(4)熟悉间壁的结构设计。

2. 能力目标

(1)能掌握时速 250 公里"复兴号"动车组间壁模块的安装。

(2)会进行不同车型的间壁模块的安装。

3. 素质目标

(1)培养学生认真细致的工作态度。

(2)培养学生团队合作的能力。

(3)培养学生责任心与职业道德。

任务一　间壁模块的认知

任务描述

间壁可以将动车组内各个房间、区域分隔开来,确保实现各个区域的功能,其造型和外观不但可以实现装饰和承载作用,还起到防护和隔离效果。本任务主要介绍间壁的主要功能,间壁的主要材料及性能要求。通过本次任务学习,了解间壁的分类、功能,掌握间壁的主要材料。

知识链接

一、概　　述

间壁,顾名思义把房间隔开的墙壁,动车组平面布置中包括客室、乘务员室、电气柜间、开水炉间、卫生间、备件间、灭火器间、厨房、通过台和小走廊区域等,这些房间和区域都是通过间壁隔离开来的,保证各个房间和区域的各自功能,间壁上面设计有供人通行的门或检查门,满足旅客或乘务员在各个房间和区域的通行或正常检查检修。间壁按位置和功能一般分为端墙间壁(外端墙间壁和内端墙间壁)、电气柜间壁、卫生间间壁、乘务员室间壁和包间间壁(仅卧车有)等,如图 6-1、图 6-2 所示。

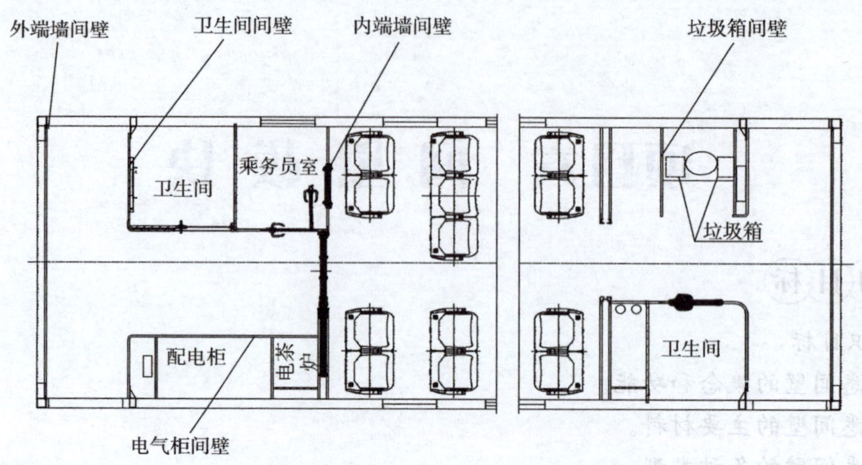

图 6-1　时速 160 公里动力集中动车组座车间壁模块布置图

二、间壁的主要功能

1. 装饰功能

间壁模块是动车组车内的所有隔断，其造型和外观决定了旅客的舒适度和空间感，间壁模块对动车组车内装饰起到决定性的作用。

2. 承载功能

动车组内部门、灭火器、垃圾箱、电气柜和大件行李架等都是安装在间壁上的，还有一些小的设备件如安全锤等也是安装在间壁上的，卧车卧铺也是安装在间壁上的，所以间壁有一定的承载功能。

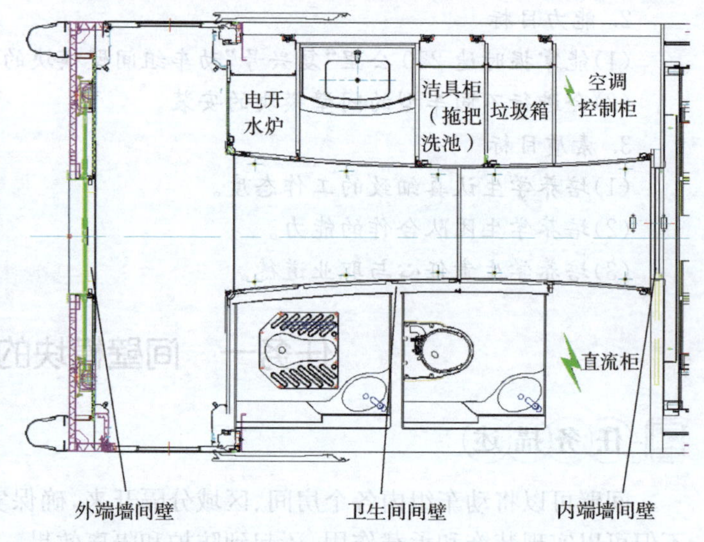

图 6-2　时速 250 公里“复兴号”动车组座车间壁示意图

3. 防护功能

间壁模块对其内的物体其到一定的防护作用，如电气柜间壁、卫生间间壁等，都对其内的电气柜和卫生间起到防护作用。

4. 隔离功能

间壁模块主要的功能就是隔离，外端墙间壁用来隔离外界环境与车厢内的热量和噪声传递，内端墙和客室间壁用来隔离车厢内两端区域和客室的热量和噪声传递，将车厢内尤其是客室内的温度和噪声控制在旅客最舒适的状态。小隔间间壁也把各个区域隔离成单独的空间，避免相互干扰和影响，如保持乘务员室内的独立和私密性等。

三、间壁的主要材料

1. 铝蜂窝板

时速 250 公里“复兴号”动车组间壁材质为铝蜂窝板，其主要组成为骨架、蜂窝芯、面板，总厚度 25 mm，铝蜂窝板表面粘贴装饰膜。

(1)骨架由铝型材(6063-T5)组焊成一体。

(2)蜂窝芯铝蜂窝材质和规格为 53-4-0.05(3003-H18)NR。

(3)面板为 5052-H32 材质，外侧面板厚 0.8 mm，内侧面板厚 0.5 mm。

(4)铝蜂窝板主要性能要求如下。

①弯曲面板强度≥40 MPa，试验方法 GB/T 1456。

②剥离强度≥45 N/mm，试验方法 GB/T 1457。

③拉伸强度≥3.5 MPa，试验方法 GB/T 1452。

④抗压强度≥2.5 MPa，试验方法 GB/T 1453。

⑤疲劳强度(500±170) N，10 Hz，500 000 次交变载荷无损坏，试验方法按照四点弯曲法，样件大小为 76 mm×500 mm，跨距为 236 mm。

⑥抗冲击强度：蜂窝间壁平放，质量为 500 g 的 ϕ50 mm 钢球从 2 m 高处落下，蜂窝间壁表面的塌陷量≤3 mm。

2. 塑料贴面胶合板

时速 160 公里动力集中动车组间壁材质为塑料贴面胶合板。厚度有 17 mm、22 mm 和 27 mm 三种规格。

学习任务单

学习任务	间壁模块认知		
目标	1. 知道间壁模块的作用 2. 知道间壁模块的主要功能 3. 知道间壁模块的主要材料		
班级		姓名	
小组		日期	

【任务内容】

1. 描述间壁模块的作用。

2. 写出间壁主要功能。

3. 列举间壁模块的主要材料。

任务评价

班级		姓名		学号		日期	
序号	评价要点			配分		得分	总评
1	能描述间壁模块的作用			10			
2	能说出间壁模块的主要功能			30			
3	能列举间壁模块的主要材料			30			

续上表

序号	评价要点	配分	得分	总评
4	能遵守纪律，以积极的态度接受任务	10		A □(86～100) B □(76～85) C □(60～75) D □(60 以下)
5	能积极参与小组讨论，团队间相互合作	10		
6	能及时完成老师布置的任务	10		
	总分	100		
小组建议				

任务二　间壁模块的结构与安装

任务描述

为了高效率、标准化、模块化组装间壁部分，有效区分各个区域，保证功能实现，需要从间壁模块结构入手，了解间壁安装的顺序、工艺性、准确性，掌握间壁模块安装步骤。本任务内容是动车组间壁模块结构的分类，间壁组成及各部分名称。通过本任务的学习熟悉时速 160 公里动力集中动车组和 250 公里"复兴号"动车组间壁模块结构的类型，了解间壁组成及各部分名称，熟悉安装前的准备工作，掌握安装方式，准确应用验收标准。

知识链接

一、时速 160 公里动力集中动车组间壁模块结构

间壁以前主要是以散装为主，所有零部件分散上车，再一一组装，组装工作量大，生产效率低，随着设计方法、思路和制造能力的优化和提升，动车组间壁逐渐实现了模块化、标准化设计，动车组间壁主要按以下方法进行模块化、标准化设计。

1. 间壁模块化分类

(1)间壁模块按照模块化的实施过程，可以按结构分解如下：

①一位端间壁模块。

②二位端间壁模块。

③客室间壁模块。

④司机室间壁模块。

(2)按功能可以将间壁模块分解如下(可根据实际情况增加)：

①电气柜间壁模块。

②大件行李柜间壁模块。

③开水炉间壁模块。

④灭火器间壁模块等。

⑤卫生间间壁模块。

⑥乘务员室间壁模块。

⑦外端墙间壁模块。

⑧内端墙间壁模块。

2. 间壁标准化分类

(1)安装固定方式标准化

间壁模块的安装固定方式主要有和地板的连接、车顶的连接和侧墙的连接,安装固定标准化主要如下:

①间壁与侧墙连接固定的方式和高度的统一标准化。

②同一类型间壁与地板固定方式、连接件布置规范标准化。

③同一类型间壁车顶连接的方式、位置及连接件数量也趋于标准化。

(2)相同功能间壁模块标准化

相同功能间壁模块标准化主要是对不同车型上的相同间壁模块进行标准化设计,主要如下:

①不同车型上开水炉间壁模块的大小和形状统一标准化。

②不同车型上灭火器间壁模块的大小、形状和在间壁上的定位统一标准化。

③不同车型上卫生间间壁模块的大小和形状统一标准化。

④不同车型上乘务员室间壁模块的大小和形状统一标准化。

⑤相同车型电气柜间壁模块上为电气柜检查门或观察窗的大小、数量统一标准化。

时速160公里动力集中动车组座车间壁模块安装的实施过程,将间壁模块分解为一位端间壁模块和二位端间壁模块,按功能分为外端墙间壁模块、内端墙间壁模块、电气柜间壁模块、乘务员室间壁模块、大件行李柜间壁模块等。

间壁模块与地板是通过角铝或隐形地条连接,用木螺钉固定;与侧墙连接高度统一,通过连接铁用螺栓跟侧墙钢结构连接固定;与车顶通过连接铁和车顶钢结构上焊接的C形槽用螺栓连接,连接点和连接方式基本都一致,如图6-3所示。

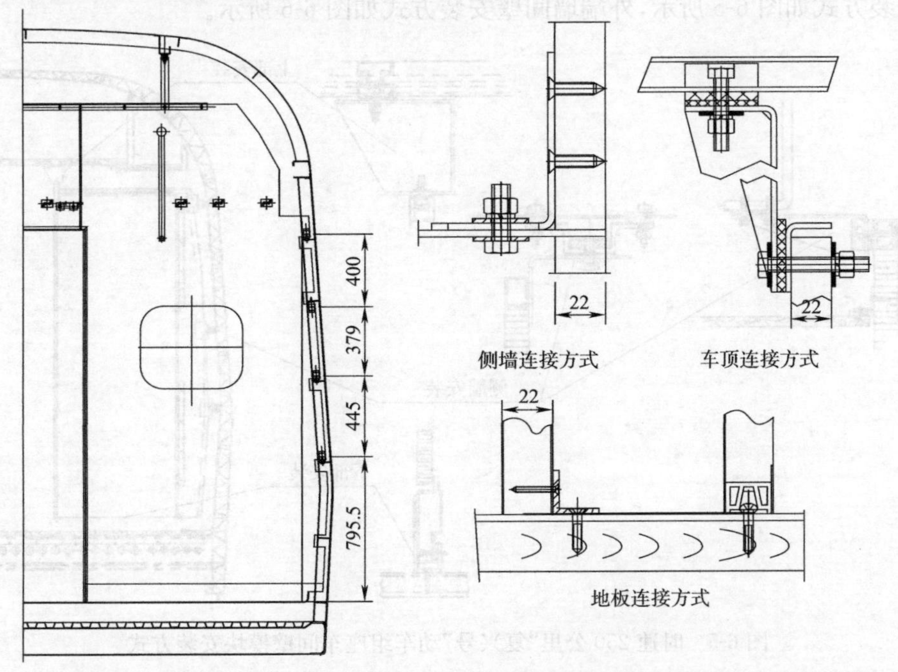

图6-3　时速160公里动力集中动车组座车间壁模块连接方式(单位:mm)

二、时速 250 公里“复兴号”动车组间壁结构

时速 250 公里“复兴号”动车组间壁由间壁复合骨架、蜂窝芯、覆膜面板组成，电气柜间壁同时还有锁具、铰链及功能件(灭火器罩、通风格栅)等组件。模块组装成整体要求平整规矩、闪缝均匀、组装牢靠，在安装与经常应用条件下不允许出现异常声响。间壁组成如图 6-4 所示。

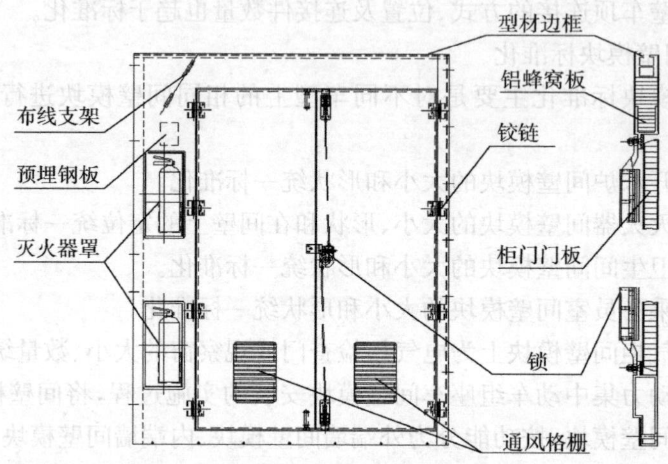

图 6-4　时速 250 公里“复兴号”动车组座车间壁组成示意图

间壁模块与地板是通过角铝连接，用螺钉固定；与侧墙通过连接铁和侧墙铝结构连接固定；与车顶通过连接铁和车顶结构上的 C 形槽用螺栓连接，连接点和连接方式基本都一致，间壁模块安装方式如图 6-5 所示，外端墙间壁安装方式如图 6-6 所示。

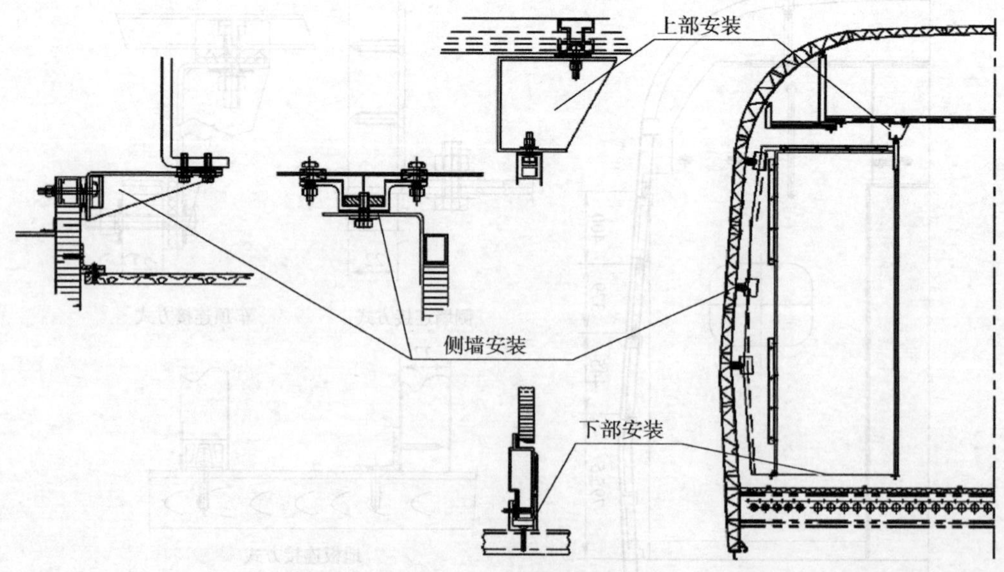

图 6-5　时速 250 公里“复兴号”动车组座车间壁模块安装方式

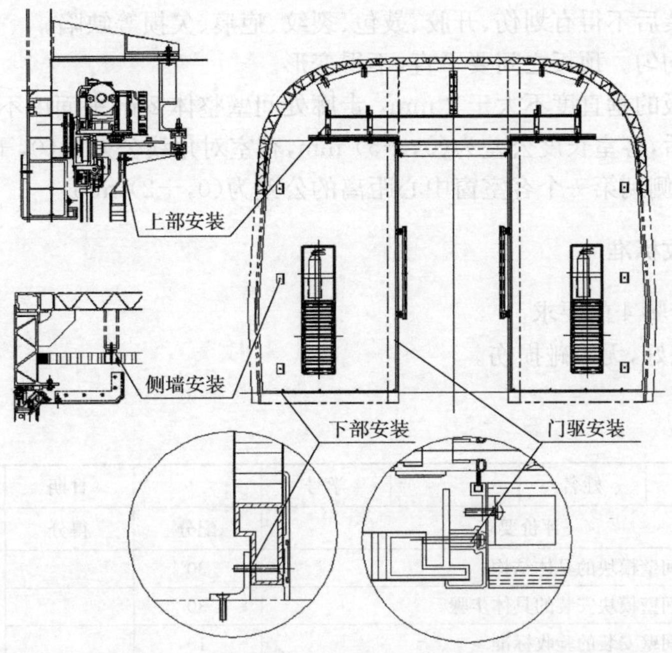

图 6-6　时速 250 公里“复兴号”动车组座车间壁模块安装方式

任务实施

以时速 250 公里“复兴号”动车组为例。

一、准备工作

1. 检查底架、侧墙及车顶的间壁安装接口是否完整，尺寸正确。

2. 确认环境符合施工要求。

3. 对可能出现碰擦的地方做好防护。

4. 确认安装所需工装工具是否完备。安装用工具包括：扭力扳手、套筒、卷尺、靠尺、吸尘器、记号笔等。

二、安装步骤

1. 测量安装面尺寸，选择适当垫片将安装面调整至满足图纸要求。

2. 按图纸要求将间壁定位。

3. 使用工具拧紧紧固件。

4. 端部间壁安装完毕之后，检查其整体外观，并进行适当调整，使其满足以下要求：

(1)铝和异种金属接触部位涂铬酸锌底漆。

(2)间壁安装后须牢固可靠，在车辆运行过程中不允许出现异常响声。

(3)间壁门板与门框接触面按图纸要求加减振海绵，防止振动声响。

(4)在垃圾箱间壁接缝处以及踢脚板与地板接触处等要按照图纸及相关文件要求涂打密封胶，打密封胶时需均匀一致。

(5)各间壁门板安装后，要开关灵活，锁、折页、减振橡胶等功能件要作用良好，与四周门框或间壁要闪缝均匀，不得有异常响声。

(6)间壁板安装后不得有划伤、开胶、鼓包、裂纹、疤痕、欠损等缺陷。

(7)间壁接缝均匀。顶板之间要平直,不得变形。

(8)间壁与地板的垂直度不大于 2 mm,走廊处间壁整体 2 m 平面度不大于 2 mm。

(9)间壁安装后,客室长度公差为(0,+5) mm,客室对角线公差为(0,+3) mm。

(10)间壁客室侧到第一个客室窗中心距离的公差为(0,+2) mm。

三、安装后验收标准

1. 满足安装步骤 4 的要求。
2. 外观质量完好,无磕碰损伤。

任务评价

<table>
<tr><td>班级</td><td></td><td>姓名</td><td></td><td>学号</td><td></td><td>日期</td><td></td></tr>
<tr><td>序号</td><td colspan="3">评价要点</td><td>配分</td><td>得分</td><td colspan="2">总评</td></tr>
<tr><td>1</td><td colspan="3">能描述间壁模块的具体结构</td><td>30</td><td></td><td colspan="2" rowspan="7">A □(86～100)
B □(76～85)
C □(60～75)
D □(60 以下)</td></tr>
<tr><td>2</td><td colspan="3">能说出间壁模块安装的具体步骤</td><td>30</td><td></td></tr>
<tr><td>3</td><td colspan="3">能说出间壁安装的验收标准</td><td>10</td><td></td></tr>
<tr><td>4</td><td colspan="3">能遵守纪律、以积极的态度接受任务</td><td>10</td><td></td></tr>
<tr><td>5</td><td colspan="3">能积极参与小组讨论,团队间相互合作</td><td>10</td><td></td></tr>
<tr><td>6</td><td colspan="3">能及时完成老师布置的任务</td><td>10</td><td></td></tr>
<tr><td colspan="4">总分</td><td>100</td><td></td></tr>
<tr><td>小组建议</td><td colspan="7"></td></tr>
</table>

巩固与练习

一、识图题

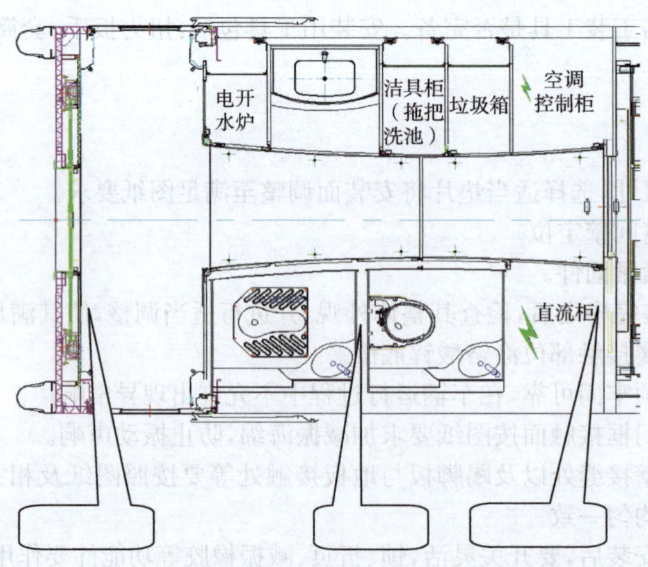

题图 1　时速 250 公里"复兴号"动车组座车间壁示意图

二、填空题

1. 动车组平面布置中包括客室、乘务员室、电气柜间、开水炉间、卫生间、备件间、灭火器间、厨房、通过台和小走廊区域等，这些房间和区域都是通过________隔离开来的，保证各个房间和区域的各自功能。

2. 间壁的主要功能有________、________、________和________。

3. 时速 160 公里动力集中动车组座车间壁模块按功能分为外端墙间壁模块、内端墙间壁模块、________、________、乘务员室间壁模块、________、________、________。

4. 时速 250 公里“复兴号”动车组间壁材质为________，时速 160 公里动力集中动车组间壁材质为________。

5. 间壁模块组装成整体要求________、________、________，在安装与经常应用条件下不允许出现异常声响。

二、简答题

1. 时速 160 公里动力集中动车组间壁模块分为哪几部分？

2. 时速 250 公里“复兴号”动车组间壁模块分为哪几部分？

3. 相同功能的间壁模块标准化要求有哪些？

4. 间壁模块安装完成后要达到的验收标准是什么？

项目七 座椅及卧铺模块

学习目标

1. 知识目标

(1)熟悉座椅模块的分类、功能及各部分使用材料。

(2)熟悉卧铺模块的分类、功能及各部分使用材料。

(3)熟悉座椅模块的结构及安装步骤。

(4)熟悉卧铺模块的结构及安装步骤。

2. 能力目标

(1)能指出座椅和卧铺模块各部分的名称,掌握作用。

(2)会根据不同动车组型号安装座椅和卧铺模块。

3. 素质目标

(1)培养学生严谨细致的工作态度。

(2)培养学生遵守行为操作规范。

(3)培养学生责任心与职业道德。

任务一 座椅模块的认知

任务描述

动车组座椅的质量不但影响运行质量,也影响旅客乘坐感受,本任务内容是了解座椅的用途与分类,熟悉座椅的功能,掌握座椅的使用材料。

知识链接

一、概 述

座椅模块是旅客直接接触的部件,是动车组的重要设施,因此它不仅要外形美观,与整车内装风格协调统一,更要考虑旅客乘坐的舒适度。动车组座椅按照人机工程学的原理设计,主要考虑合理的座椅尺寸设计、合理的体压分布等,为乘客提供一个具有坐姿舒适性、振动舒适性、操作舒适性和安全性的乘坐环境,从而保证座椅的设计要求。座椅作为与旅客接触最为紧密的部件,在材料选用上充分考虑绿色环保要求。对于面料要柔和亲肤、涂料要绿色无害、发泡要舒适环保。座椅上各个非金属材料均按照禁限用物质标准和有机挥发物管控要求执行,确保座椅选材属于绿色环保材料,符合相应环境保护标准的要求。时速 160 公里动力集中动车组二等座车座椅布置如图 7-1 所示。

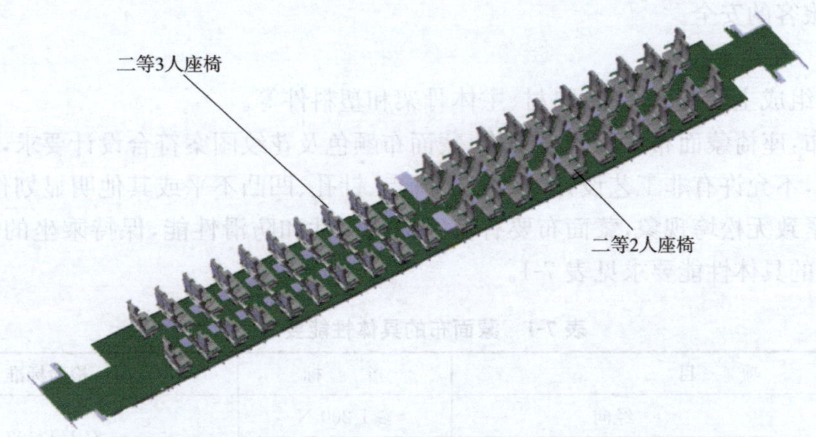

图 7-1 时速 160 公里动力集中动车组二等座车座椅布置

二、座椅分类

动车组座椅分为一等座椅、二等座椅、无障碍座椅。座椅外形如图 7-2 所示。

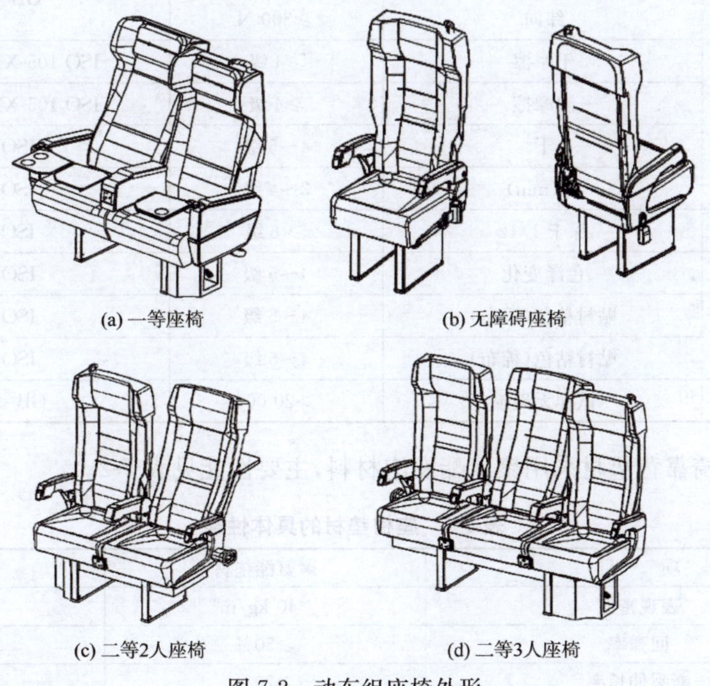

(a) 一等座椅 (b) 无障碍座椅

(c) 二等2人座椅 (d) 二等3人座椅

图 7-2 动车组座椅外形

三、座椅的功能及材料

1. 功能

(1)支撑功能

座椅是车上旅客的直接支撑部件，是旅客乘坐的地方，给旅客舒适的乘坐空间。

(2)安全防护功能

座椅根据人机工程设计，且座椅蒙面都有较大的摩擦系数，保证乘坐其上的旅客的稳定性，从而保证旅客的安全。

2. 材料

座椅材料组成主要有蒙面布、垫材、主体骨架和塑料件等。

(1)蒙面布：座椅蒙面布采用布料制作，蒙面布颜色及花纹图案符合设计要求，可见表面色泽应均匀一致，不允许有非工艺设计性要求的麻点、针孔、凹凸不平或其他明显划伤、修补痕迹等缺陷，面布紧致无松垮现象，蒙面布要有良好的透气性和防滑性能，保持乘坐的舒适性和稳定性。蒙面布的具体性能要求见表 7-1。

表 7-1　蒙面布的具体性能要求

项　目		指　标	检验标准
断裂强度	经向	≥1 200 N	GB/T 3923
	纬向	≥1 000 N	
断裂伸长率	经向	≥ 25%	GB/T 3923
	纬向	≥25%	
撕裂强度	经向	≥400 N	GB/T 3917.3
	纬向	≥300 N	
耐摩擦色牢度	干摩擦	≥4 级	ISO 105-X12(GB/T 3920)
	湿摩擦	≥4 级	ISO 105-X12(GB/T 3920)
耐水浸色牢度	干	4～5 级	ISO 105-E01
	湿(min)	3～4 级	ISO 105-E01
耐日晒色牢度	深于 1/12	≥ 6 级	ISO 105-B02
耐碱色牢度	色泽变化	4～5 级	ISO 105-D01
	贴衬粘色(毛布)	4～5 级	ISO 105-D01
	贴衬粘色(棉布)	4～5 级	ISO 105-D01
耐磨性	试样无破损	>20 000	GB/T 21196.2

(2)垫材：座椅靠背垫材采用聚氨酯发泡材料，主要性能见表 7-2。

表 7-2　座椅垫材的具体性能

序号	项　目		聚氨酯垫材	检验标准
1	表观密度		≥40 kg/m³	GB/T 6343
2	回弹率		≥50%	GB/T 6670
3	断裂伸长率		≥70%	GB/T 6344
4	75%压缩永久变形		≤10%	GB/T 6669
5	拉伸强度		≥160 MPa	GB/T 6344
6	阻燃性能	氧指数	≥26%	GB/T 2406.1
		45°角燃烧	难燃级	TB/T 3138
7	烟密度 D (sm4,F)		≤200	GB/T 8323.2
8	挥发物限量		≤35 g/m²	TB/T 3139

注：阻燃性能也可要求满足 TB/T 3237—2010 中相关规定。

(3)主体骨架：座椅主体骨架采用碳钢或铝镁骨架，钢材性能符合 GB/T 700—2006 中的相关要求，铝骨架需符合 TB/T 3260.4—2011 的相关要求。座椅部件为铸铝件时，须符合 GB/T 1173—2013 规定之要求，骨架需进行防腐处理，两种不同金属材料相连接，需用特殊材料对其进行隔离以防腐蚀。

(4)塑料件：座椅扶手盖、小茶桌板等采用塑料材料制作，塑料件采用吸塑、注塑等工艺，颜色及纹理不可采用喷涂处理。

学习任务单

<table>
<tr><td>学习任务</td><td colspan="4">动车组座椅模块认知</td></tr>
<tr><td>目标</td><td colspan="4">1. 知道座椅的分类
2. 知道座椅的主要功能
3. 熟悉座椅的材料</td></tr>
<tr><td>班级</td><td colspan="2"></td><td>姓名</td><td></td></tr>
<tr><td>小组</td><td colspan="2"></td><td>日期</td><td></td></tr>
<tr><td colspan="5">【任务内容】
1. 写出座椅的分类。

2. 认识座椅的主要功能。

3. 说出座椅各部分所使用的材料。</td></tr>
</table>

任务评价

<table>
<tr><td>班级</td><td></td><td>姓名</td><td>学号</td><td></td><td>日期</td><td></td></tr>
<tr><td>序号</td><td colspan="2">评价要点</td><td>配分</td><td>得分</td><td colspan="2">总评</td></tr>
<tr><td>1</td><td colspan="2">能写出座椅的分类</td><td>20</td><td></td><td colspan="2" rowspan="7">A □(86～100)
B □(76～85)
C □(60～75)
D □(60 以下)</td></tr>
<tr><td>2</td><td colspan="2">能说出座椅的主要功能</td><td>20</td><td></td></tr>
<tr><td>3</td><td colspan="2">能说出座椅各部分所使用的材料</td><td>30</td><td></td></tr>
<tr><td>4</td><td colspan="2">能遵守纪律、以积极的态度接受任务</td><td>10</td><td></td></tr>
<tr><td>5</td><td colspan="2">能积极参与小组讨论，团队间相互合作</td><td>10</td><td></td></tr>
<tr><td>6</td><td colspan="2">能及时完成老师布置的任务</td><td>10</td><td></td></tr>
<tr><td colspan="3">总分</td><td>100</td><td></td></tr>
<tr><td>小组建议</td><td colspan="6"></td></tr>
</table>

任务二　座椅的结构与安装

任务描述

为满足列车发展需要和旅客需求，对座椅的安装方式、防火性能、高舒适度及舒适性也提出了新的要求，本任务内容是了解座椅的结构，熟悉座椅的主要性能与参数，掌握座椅安装步骤。

知识链接

一、时速 160 公里动力集中动车组座椅结构

1. 座椅结构

(1)一等座椅

一等座椅为一等 2 人座椅，由底架、侧扶手、中扶手、靠背、座垫、后部脚踏、插座、杂志袋、内置式桌板、把手、衣帽钩等组成，如图 7-3 所示。

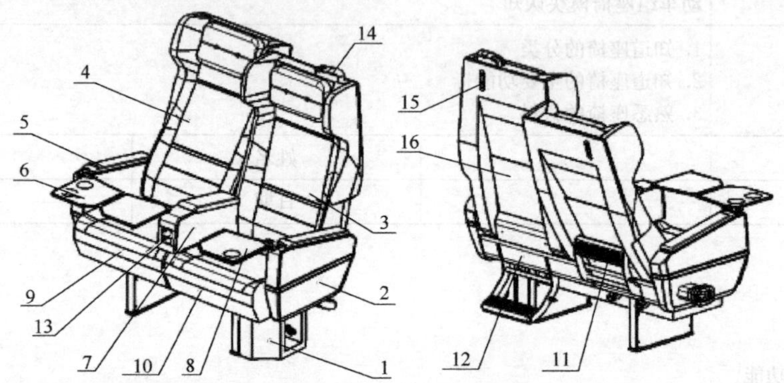

1—一等座椅底架组成；2—一等座椅侧扶手组成(左)；3—一等座椅靠背组成(左)；4—一等座椅靠背组成(右)；5—一等座椅侧扶手组成(右)；6—内置式桌板(右)；7—一等座椅中扶手组成；8—内置式桌板(左)；9—一等座椅座垫组成(右)；10—一等座椅座垫组成(左)；11—一等座椅后部脚踏组成；12—一等座椅后部罩壳组成；13—插座；14—把手；15—衣帽钩组成；16—杂志袋。

图 7-3 时速 160 公里动力集中动车组一等座椅结构

(2)二等座椅

二等座椅分二等 2 人座椅和二等 3 人座椅，是由底架、侧扶手、中扶手、靠背、座垫、插座、杂志袋、翻转式桌板、把手等组成，二等 2 人座椅如图 7-4 所示，二等 3 人座椅如图 7-5 所示。

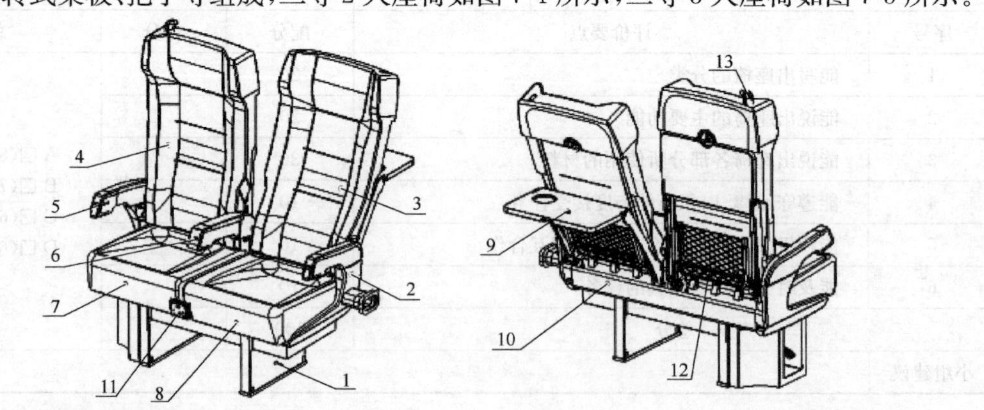

1—二等 2 人座椅底架组成；2—二等座椅侧扶手组成(左)；3—二等座椅靠背组成(左)；4—二等座椅靠背组成(右)；5—二等座椅侧扶手组成(右)；6—二等座椅中扶手组成；7—二等座椅座垫组成(右)；8—二等座椅座垫组成(左)；9—翻转式桌板组成；10—二等 2 人座椅后部罩壳组成；11—插座；12—杂志袋；13—把手。

图 7-4 时速 160 公里动力集中动车组二等 2 人座椅结构

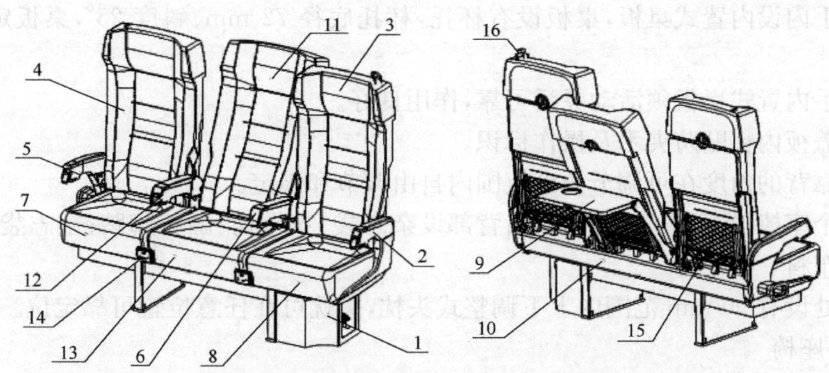

1—二等 3 人座椅底架组成；2—二等座椅侧扶手组成(左)；
3—二等座椅靠背组成(左)；4—二等座椅靠背组成(右)；
5—二等座椅侧扶手组成(右)；6—二等座椅中扶手组成(不带扣手)；
7—二等座椅座垫组成(右)；8—二等座椅座垫组成(左)；
9—翻转式桌板组成；10—二等 3 人座椅后部罩壳组成；
11—二等 3 人座椅靠背组成(中)；12—二等座椅中扶手组成(带扣手)；
13—二等座椅座垫组成(中)；14—插座；15—杂志袋；16—把手。

图 7-5　时速 160 公里动力集中动车组二等 3 人座椅结构

(3)无障碍座椅

无障碍座椅是由底架、侧扶手、靠背、座垫、把手、安全带、安全带安装座等组成，如图 7-6 所示。

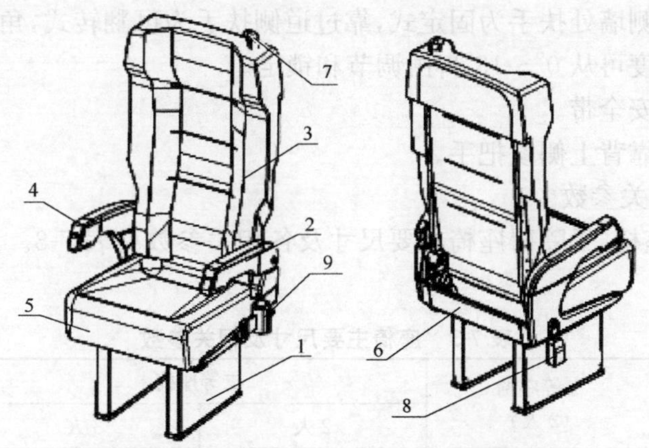

1—无障碍座椅底架组成；2—无障碍座椅侧扶手组成(左)；
3—无障碍座椅靠背组成；4—二等座椅侧扶手组成(右)；
5—一等座椅座垫组成；6—二等 3 人座椅后部罩壳组成；
7—把手；8—安全带；9—安全带安装座。

图 7-6　时速 160 公里动力集中动车组无障碍座椅结构

2. 主要性能及参数

(1)一等座椅

①一等 2 人座椅为固定座椅，不旋转。

②一等 2 人座椅有 3 个扶手，扶手均为固定结构。

③靠过道侧座椅靠背上侧设把手。

④侧扶手内设内置式桌板，桌板设有杯托，杯托底径 72 mm、斜度 25°，桌板定位可靠，作用良好。

⑤侧扶手内置式桌板须活动灵活可靠，作用良好。

⑥扶手盖板内粘贴防夹手及操作标识。

⑦座椅靠背的角度在可调节角度范围内自由调节和锁定。

⑧在每个座椅(端部座椅除外)的后背部设杂志袋、衣帽钩、翻转脚踏；杂志袋安装处要求布料与座椅布料一致。

⑨头靠处设有 90 mm 范围内上下调整式头枕，头枕可在任意位置可靠定位。

(2)二等座椅

①二等 3 人座椅和二等 2 人座椅两侧扶手为固定式，中间扶手为可翻起式，角度为 0°～95°。

②座椅不设座深调节结构，坐垫为固定式。

③二等 2 人座椅靠背的角度可从 0°～20°自由调节和锁定；普通座车端部二等 2 人座椅靠背的角度可从 0°～13°自由调节和锁定。

④在每个座椅的后背部设书报网袋及翻转式桌板(客室端部靠间壁的座椅除外)，靠背处设有小桌操作标识以及最大承载量标识，限重取值 25 kg。

⑤靠过道侧座椅靠背上侧设把手。

⑥靠过道侧底架设有解锁踏板，踩下踏板，10 s 内靠背同步恢复到初始状态。

(3)无障碍座椅

①无障碍座椅靠侧墙处扶手为固定式，靠过道侧扶手为可翻转式，角度为 0°～95°。

②座椅靠背的角度可从 0°～13°自由调节和锁定。

③座椅设乘客用安全带。

④靠过道侧座椅靠背上侧设把手。

3. 座椅尺寸及相关参数

一等座椅、二等座椅、无障碍座椅主要尺寸及各相关参数见表 7-3。二等 2 人座椅主要尺寸如图 7-7 所示。

表 7-3　座椅主要尺寸及相关参数

座椅规格	一等座椅(2人)	二等座椅		无障碍座椅
		2 人	3 人	
座椅高度/mm	1 195±10	1 150±15	1 150±15	1 150±15
座椅总宽/mm	$1\,190_{-10}^{\ 0}$	$991_{-10}^{\ 0}$	$1\,480_{-10}^{\ 0}$	$510_{-10}^{\ 0}$
后仰角度/(°)	0～18	0～20	0～20(端部 0～13)	0～13
座深/mm	465±10	$440_{-10}^{\ 0}$	$440_{-10}^{\ 0}$	$440_{-10}^{\ 0}$
座宽/mm	$475_{-5}^{\ 0}$	$432.5_{-5}^{\ 0}$	$432.5_{-5}^{\ 0}$ 中部 $439_{-5}^{\ 0}$	$440_{-10}^{\ 0}$
坐垫高度/mm	420±10	420±10	420±10	420±10
扶手高度/mm	610±5	580±5	580±5	580±5
扶手宽度/mm	70±2/100±2/70±2	38±2/50±2/38±2	38±2/50±2/38±2	38±2
质量/kg	≤60	≤41	≤56	≤25

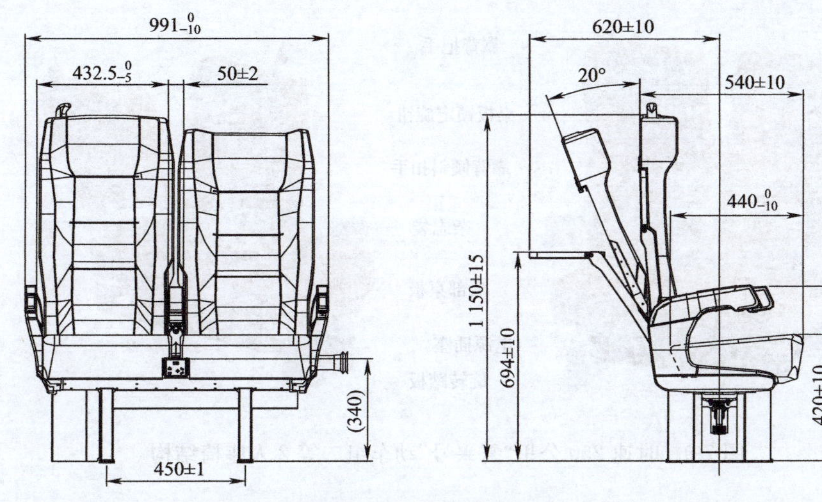

图 7-7　二等 2 人座椅主要尺寸(单位:mm)

二、时速 250 公里"复兴号"动车组座椅结构

1. 座椅结构

时速 250 公里"复兴号"动车组座椅分为一等座椅和二等座椅,其中二等座椅分二等 2 人座椅和二等 3 人座椅。

时速 250 公里"复兴号"动车组座椅主要是由座椅骨架、侧扶手、中扶手、靠背、座垫、插座、杂志袋、翻转式桌板、把手、脚踏等组成,一等座椅结构如图 7-8 所示,二等 2 人座椅结构如图 7-9 所示,相关座椅规格要求见表 7-4。

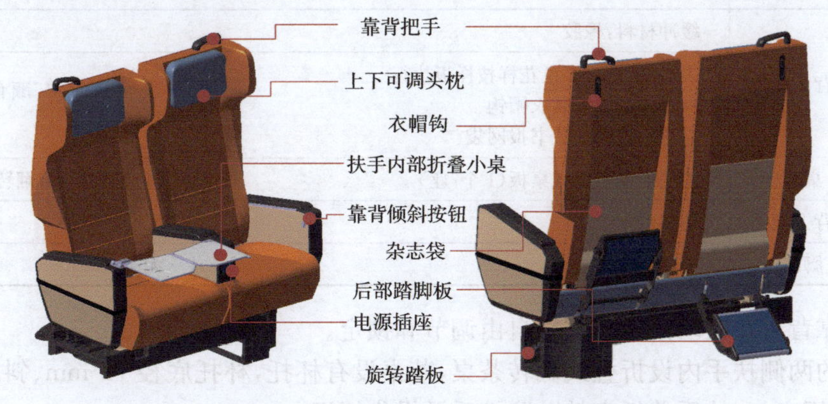

图 7-8　时速 250 公里"复兴号"动车组一等座椅结构

2. 主要性能及参数

(1)一等座椅

①座椅采用碳钢或其他轻合金骨架,聚氨酯发泡软垫,外包覆织物蒙面。

②座椅朝向可手动±180°旋转,可使乘客始终面朝列车行驶方向乘坐。

③座椅设有 3 个扶手,扶手均为固定,靠背上部外侧设旋转用把手。

④座椅座深不可调节,座垫采用搭扣固定于座垫板上,座垫板与侧扶手间隙不大于 10 mm。

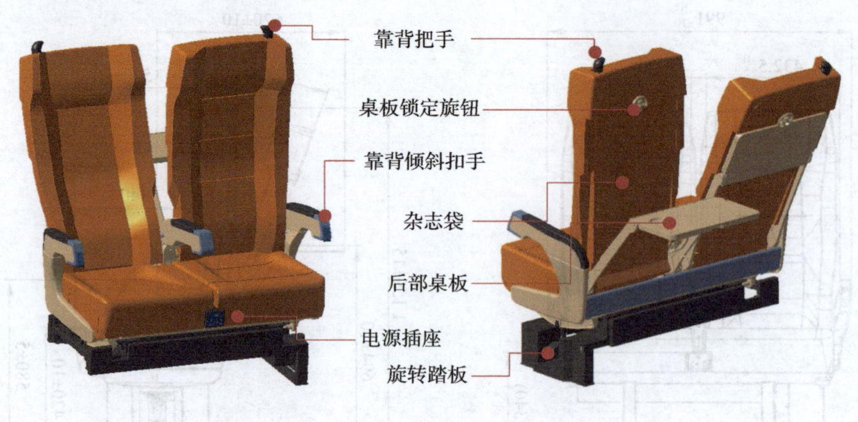

图 7-9　时速 250 公里“复兴号”动车组二等 2 人座椅结构

表 7-4　座椅规格要求

序号	项目	一等座椅	二等座椅
1	转动方式	操纵脚踏板的手动转动方式	
2	扶手	座椅两侧及 2、3 人座椅中间设扶手	
		扶手为固定式	中间扶手为翻转式(带阻尼)
3	座椅骨架	轻合金或碳钢	轻合金或碳钢
4	倾斜装置	操作座椅扶手,在调节范围内任意位置可以固定	
		靠背角度调节范围:8°～30°	靠背角度调节范围:二等 3 人座椅中间靠背为－5°～24.5°,其余二等座椅靠背为 0°～24.5°
5	靠背、座垫	缓冲材料:橡胶	
		表面蒙面布:颜色花样按样板执行 靠背的背面安装衣帽钩 靠背的背面安装书报网袋	表面蒙面布:颜色花样按样板执行
6	桌板	边扶手设折叠式桌板(1 个/座)	每个靠背后带翻转茶桌(通用)
7	靠背上把手	铸铝件	尼龙树脂件
8	脚踏	上翻折叠式	无

⑤座椅靠背可在摆动角度范围内自由调节和锁定。

⑥座椅的两侧扶手内设折叠式翻转茶桌,茶桌设有杯托,杯托底径 72 mm、斜度 25°,桌板定位可靠,作用良好,扶手盖板内粘贴防夹手及操作标识。

⑦每个座椅的靠背后部设杂志袋、衣帽钩。

⑧每个座椅靠背下部设有上翻折叠式脚踏,脚踏板为双面形式,左侧设有解锁踏板。

⑨复位脚踏功能:踩下座椅的复位脚踏,1～2 s 内靠背、脚踏同步恢复到初始状态,保证座椅正常旋转。

⑩头靠处设有 90 mm 范围内上、下调整式头枕,头枕可在任意位置定位,定位可靠、牢固。

⑪每组座椅在中扶手前端设置 1 个统型的 10 A/AC 220 V 插座。

(2)二等座椅

①座椅采用碳钢或其他轻合金骨架,聚氨酯发泡软垫,外包覆织物蒙面。

②座椅朝向可手动±180°旋转,可使乘客始终面朝列车行驶方向乘坐。

③座椅两侧扶手均为固定式,中间扶手可向上翻起,翻起最大角度 95°。

④座椅座深不可以调节,座垫采用搭扣固定于座垫板上,座垫板与周边结构间隙不大于 10 mm。

⑤座椅靠背可在摆动角度范围内自由调节和锁定。

⑥在每个座椅的后背部设翻转式茶桌,茶桌设有杯托,杯托底径 72 mm、斜度 25°,茶桌背面贴有限重标识,限重取值 25 kg。

⑦座椅两侧靠背上部外侧设旋转用把手。

⑧每组座椅在坐垫接缝前端位置设置统型的 10 A/AC 220 V 插座。

⑨复位脚踏功能:踩下座椅的复位脚踏,1～2 s 内靠背同步恢复到初始状态,保证座椅正常旋转。

(3)座椅尺寸及相关参数

一等座椅、二等座椅主要尺寸及相关参数见表 7-5。二等 3 人座椅主要尺寸标注如图 7-10 所示。

表 7-5　座椅主要尺寸及相关参数

座椅规格		座椅种类		
		一等 2 人座椅	二等 2 人座椅	二等 3 人座椅
总长/mm		675	540	540
总宽/mm		1 190	991	1 480
总高(不含扶手)/mm		1 180	1 150	1 150
旋转半径(最大)/mm	靠背	658	510	735
	扶手	640	515	752.5
	座垫	609	492	720
侧扶手宽/mm		70	38	38
中扶手宽/mm		100	50	50
扶手高度/mm		600	585	585
中扶手摆动角度/(°)		固定	0～95	0～95
座宽/mm	两端	475	432.5	432.5
	中间	—	—	439
座深/mm	两端	465	440	440
	中间	—	—	400
座高/mm		420	420	420
靠背摆动角度/(°)	两端	8～30	0～24.5	0～24.5
	中间	—	—	−5～24.5
质量/kg		70×(1±2%)	41×(1±2%)	55×(1±2%)

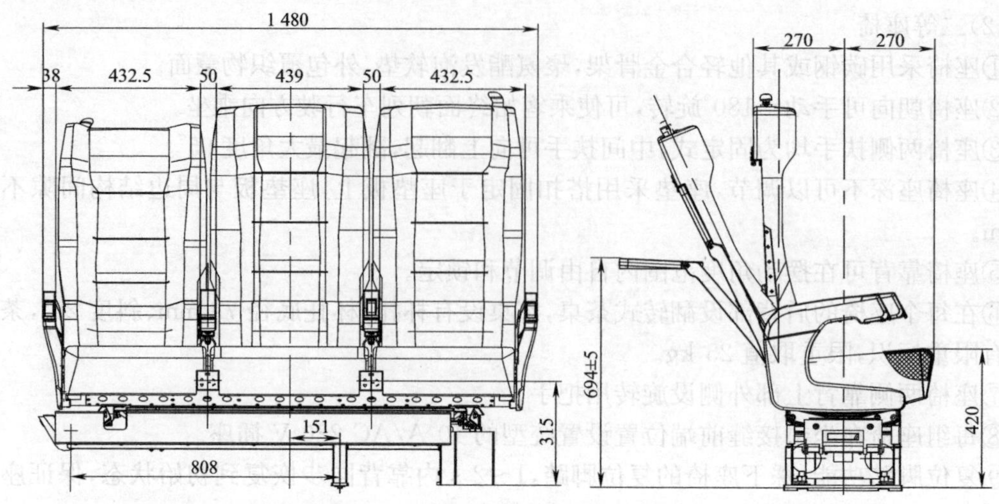

图 7-10　二等 3 人座椅主要尺寸(单位:mm)

任务实施

以时速 160 公里动力集中动车组座椅为例。

一、准备工作

1. 外观质量完好,座椅无破损、断裂。

2. 拆除座椅腿安装位置的防护。

3. 确认环境符合施工要求。

4. 确认安装所需工装工具是否完备。安装用工具包括:铅笔、激光、测距仪、卷尺、手工刀、十字螺丝刀头、扳手、扭力扳手等。

二、安装步骤

1. 座椅定位与摆放

(1)座椅由一位端起第 6 窗中心向两端等间距排布,根据各定位尺寸在地板布面上沿车长方向画出座椅的位置,各尺寸误差不大于 1 mm,累计误差不大于 2 mm,如图 7-11 所示。

(2)将座椅摆放到画好的位置上,注意区分左右件,背后不带小桌板的座椅安装于座椅端部。

(3)拉线连接两端座椅靠走廊侧扶手,根据线的位置微调座椅,保证座椅靠走廊一侧在同一直线上,无明显偏差,保证座椅在车宽方向上定位尺寸,如图 7-12 所示。

2. 座椅的固定(图 7-13)

(1)取下座椅腿盖板,妥善保管盖板安装螺钉。

(2)用铅笔标记出座椅腿位置。

(3)移开座椅,将地板上座椅安装滑槽处地板布划开。

(4)将 T 形槽用螺栓 M10×40、螺母、平垫圈和弹簧垫圈按座椅安装图上定位尺寸摆放。

(5)摆放座椅到安装位置,安装螺母、平垫圈和弹簧垫圈使用开口扳手预紧。

(6) 使用扭力扳手(10～100 N·m)紧固安装螺母,紧固扭矩 43 N·m。

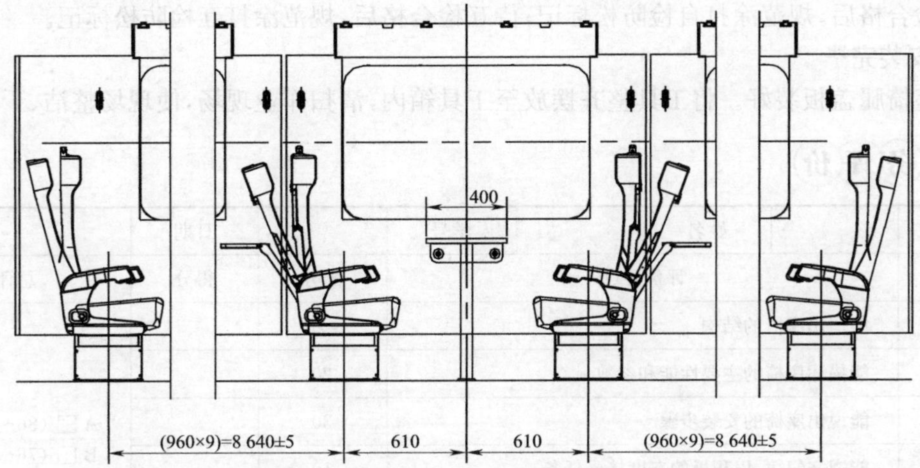

图 7-11　座椅车长方向定位图(单位:mm)

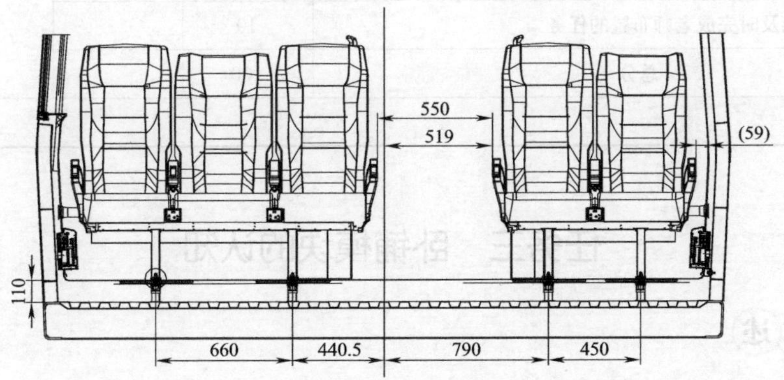

图 7-12　座椅车宽方向定位图(单位:mm)

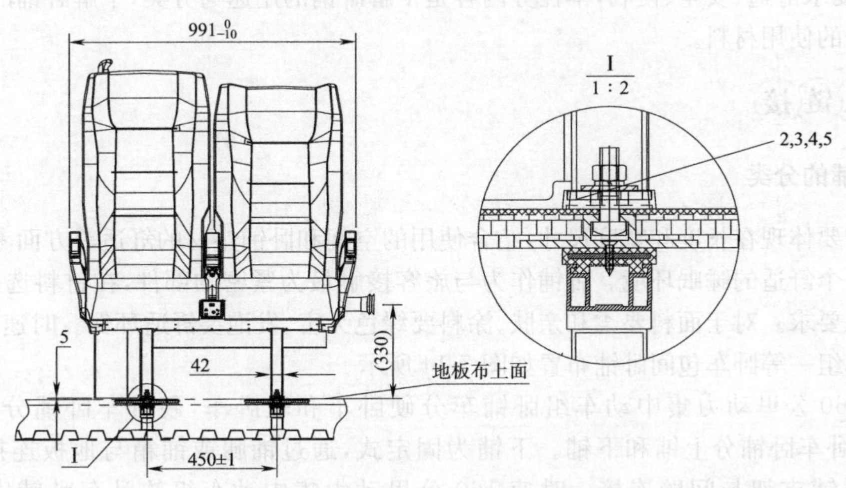

2,3,4,5——螺栓、螺母、平垫圈、弹簧垫圈。

图 7-13　座椅安装图(单位:mm)

3. 防松标记涂打

自检合格后，规范涂打自检防松标记；待互检合格后，规范涂打互检防松标记。

4. 安装完毕

将座椅腿盖板装好。将工具整齐摆放至工具箱内，清扫作业现场，使现场整洁、干净。

任务评价

班级		姓名		学号		日期	
序号	评价要点				配分	得分	总评
1	能写出座椅的结构				20		A □ (86～100) B □ (76～85) C □ (60～75) D □ (60 以下)
2	能描述座椅的主要性能和参数				20		
3	能说出座椅的安装步骤				30		
4	能遵守纪律、以积极的态度接受任务				10		
5	能积极参与小组讨论，团队间相互合作				10		
6	能及时完成老师布置的任务				10		
总分					100		
小组建议							

任务三　卧铺模块的认知

任务描述

动车组巧妙利用列车空间设计，实现乘客相对私密的个人空间，卧铺作为可供旅客平躺睡觉的铺位，要求舒适、安全、便利，本任务内容是了解卧铺的用途与分类，了解卧铺的功能，掌握卧铺各部分的使用材料。

知识链接

一、卧铺的分类

卧铺主要体现在长度和宽度尺寸，结合使用的空间和卧铺垫材的舒适等方面考虑，尽量为旅客提供一个舒适的睡眠环境。卧铺作为与旅客接触最为紧密的部件，在材料选用上充分考虑绿色环保要求。对于面料要柔和亲肤、涂料要绿色无害、发泡要舒适环保。时速 160 公里动力集中动车组一等卧车包间卧铺布置如图 7-14 所示。

时速 160 公里动力集中动车组卧铺车分硬卧车和软卧车，硬卧车卧铺分上铺、中铺和下铺，软卧车卧铺分上铺和下铺。下铺为固定式，通过铺腿或铺箱与地板连接固定，中、上铺通过卧铺支架与间壁连接。时速 160 公里动力集中动车组软卧车卧铺安装布局如图 7-15 所示。

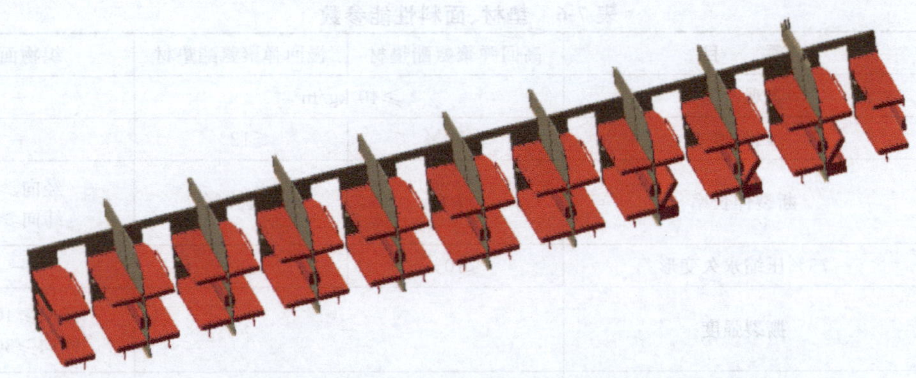

图 7-14　时速 160 公里动力集中动车组一等卧车包间卧铺布置

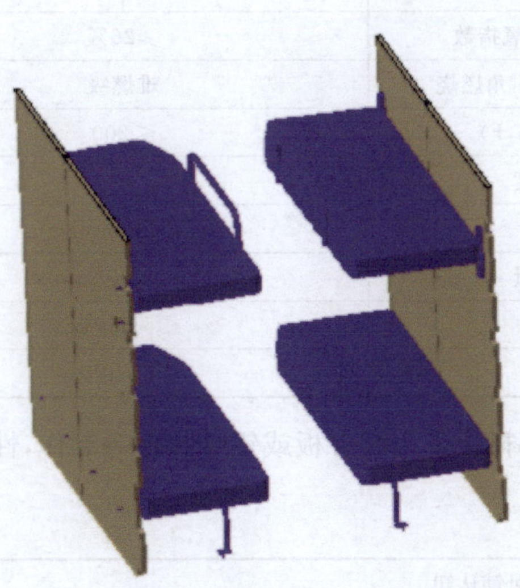

图 7-15　时速 160 公里动力集中动车组软卧车卧铺安装布局

二、卧铺的功能及材料

1. 功能

(1)支撑功能

卧铺是车上旅客的直接支撑部件,是旅客睡觉的地方,给旅客舒适的睡眠空间。

(2)安全防护功能

卧铺设计需保证睡在上面的旅客的安全,如上铺增加栏杆,卧铺外端稍微上翘等。

2. 材料

卧铺材料组成主要有卧铺骨架、卧铺支撑、卧铺垫材、蒙面布、底部衬板等。

(1)卧铺骨架和支撑:采用碳钢制作,其材料性能应符合 GB/T 700—2006 中的相关要求。

(2)卧铺垫材:硬卧铺垫材采用阻燃性高回弹聚氨酯泡沫塑料,软卧铺垫材采用上层阻燃性慢回弹+下层高回弹聚氨酯泡沫塑料组合结构或其他复合材料,面料采用纺织面料,各材料性能参数见表 7-6。

表 7-6　垫材、面料性能参数

序号	项　目		高回弹聚氨酯垫材	慢回弹聚氨酯垫材	织物面料
1	表观密度		≥40 kg/m³		—
2	回弹率		≥50%	≤12%	—
3	断裂伸长率		≥70%	≥100%	经向≥25 纬向≥20
4	75%压缩永久变形		≤10%	≤6%	—
5	撕裂强度		—		经向≥400 N 纬向≥300 N
6	拉伸强度		≥160 kPa	≥50 kPa	经向≥1 200 N 纬向≥1 000 N
7	阻燃性能	氧指数	≥26%		≥30
		45°角燃烧	难燃级		难燃级
8	烟密度 D(sm4,F)		≤200		≤200
9	摩擦色牢度		—		≥4 级
10	甲醛含量		≤300 mg/kg		≤75 mg/kg
11	挥发物限量		≤35 g/m²		≤0.5 mg/(m²·h)
12	可溶性铅		≤5 mg/kg		—
13	可溶性镉		≤5 mg/kg		—

(3)底部衬板:卧铺底部衬板采用胶合板或铝蜂窝板等制作,性能符合相关标准要求。

学习任务单

学习任务	动车组卧铺认知		
目标	1. 知道卧铺的分类 2. 知道卧铺的主要功能 3. 熟悉卧铺的材料		
班级		姓名	
小组		日期	

【任务内容】

1. 写出卧铺的分类。

2. 认识卧铺的主要功能。

3. 说出卧铺各部分所使用的材料。

任务评价

班级		姓名		学号		日期	
序号	评价要点				配分	得分	总评
1	能写出卧铺的分类				20		A □（86～100） B □（76～85） C □（60～75） D □（60 以下）
2	能说出卧铺的主要功能				20		
3	能说出卧铺各部分所使用的材料				30		
4	能遵守纪律、以积极的态度接受任务				10		
5	能积极参与小组讨论，团队间相互合作				10		
6	能及时完成老师布置的任务				10		
总分					100		
小组建议							

任务四　卧铺的结构与安装

任务描述

为充分考虑旅客的乘降通行、舒适坐卧、随身物品及行李存放等多方面需求，对卧铺空间独立、具有定员多、速度快、功能设施完善提出了新的要求，本任务内容是了解卧铺的结构，熟悉卧铺主要性能及参数，掌握卧铺安装步骤。

知识链接

一、时速 160 公里动力集中动车组卧铺结构

时速 160 公里动力集中动车组卧铺主要由骨架、垫、蒙面布等几个部分组成，铺垫采用高回弹和慢回弹聚氨酯泡沫垫材，外侧蒙面布为防火阻燃面料。软卧车下铺结构如图 7-16 所示，软卧车上铺结构如图 7-17 所示。

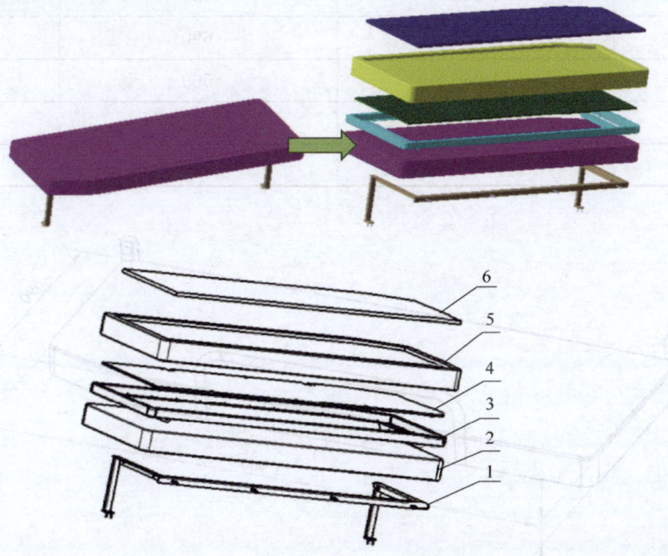

1—下铺铺腿；2—蒙面布；3—下铺骨架；4—下铺底板；5—高回弹聚氨酯垫材；6—慢回弹聚氨酯垫材。

图 7-16　软卧车下铺结构

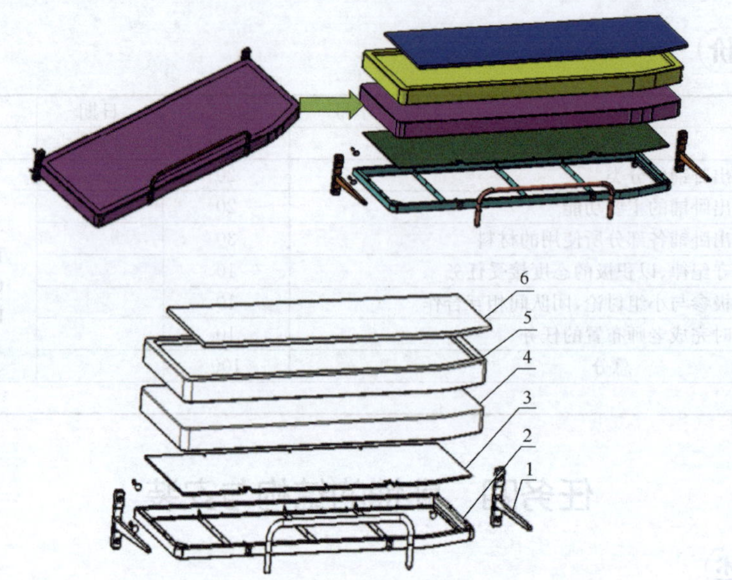

1—上铺支撑；2—上铺骨架；3—上铺底板；4—蒙面布；
5—高回弹聚氨酯垫材；6—慢回弹聚氨酯垫材。
图 7-17　软卧车上铺结构

二、时速 160 公里动力集中动车组卧铺主要性能及参数

1. 尺寸要求

时速 160 公里动力集中动车组卧铺外形尺寸见表 7-7，其尺寸标注如图 7-18 所示。

表 7-7　卧铺外形尺寸

卧铺类型	铺长/mm	铺宽/mm	铺厚/mm
软卧上铺	1 960	690	120
软卧下铺	2 040	690	120
硬卧上铺	1 960	590	60
硬卧中铺	1 960	590	60
硬卧下铺	2 020	590	60

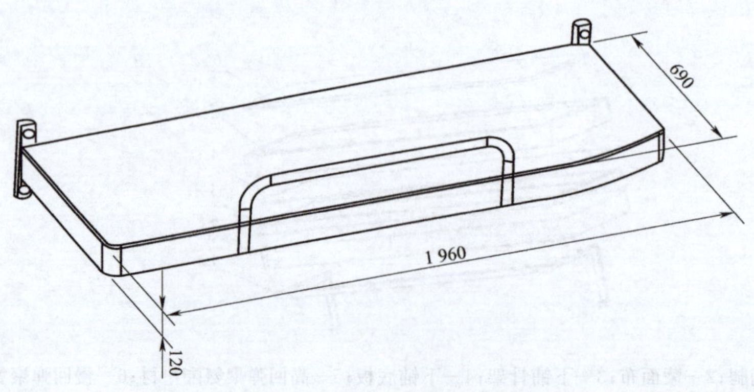

图 7-18　时速 160 公里动力集中动车组软卧上铺外形尺寸(单位:mm)

2. 物理性能要求

(1)卧铺应有足够的强度、刚度,且耐疲劳,固定连接的部位应可靠、牢固、不易脱落。

(2)硬席卧铺中上铺应能承受 270 kg 的均布静载荷,不发生塑性变形,卧铺前端最大弹性变形量不大于 12 mm。

(3)硬席卧铺下铺应能承受 540 kg 的均布静载荷,不发生塑性变形,卧铺前端最大弹性变形量不大于 12 mm。

(4)软席卧铺上铺应能承受 270 kg 的均布静载荷,不发生塑性变形,卧铺前端最大弹性变形量不大于 10 mm。

(5)软席卧铺下铺应能承受 540 kg 的均布静载荷,不发生塑性变形,卧铺前端最大弹性变形量不大于 11 mm。

(6)卧铺栏杆中心点应能承受 150 kg 的水平方向、150 kg 的垂直方向拉力,不应有结构破坏和塑性变形。

(7)卧铺垫材疲劳要求应满足使用 TB/T 3263—2011 的要求加压板,900 N 载荷频率为 1 Hz 以内循环 1×10^5 次,垫材厚度不小于初始厚度的 75%。

(8)翻转铺应满足 3×10^4 次运动循环测试,功能正常。

任务实施

以时速 160 公里动力集中动车组软卧卧铺为例。

一、准备工作

1. 卧铺外观质量完好,无破损、断裂,各支架外观质量良好,喷塑层无脱落、划痕。

2. 拆除卧铺的防护。

3. 确认环境符合施工要求。

4. 确认安装所需工装工具是否完备。安装用工具包括:钢卷尺、电钻、十字螺丝刀头、套筒、扳手、记号笔、扭力扳手等。

二、安装步骤

1. 上铺安装

(1)将上铺抬起与间壁上开孔对齐,间壁单边挂卧铺,用螺栓、弹簧垫圈和平垫圈(图 7-19)通过预埋在间壁里面的螺套连接预紧。间壁双边都挂卧铺,通过螺栓(图 7-20)穿过预埋在间壁里面的不锈钢管,用螺母、弹簧垫圈和平垫圈(图 7-20)把间壁两边的卧铺连接预紧。

(2)使用扭力扳手紧固,紧固扭矩为 43 N·m,紧固牢固。

(3)在卧铺支撑座上螺栓安装孔处扣上扣盖,盖住螺栓头和螺母,如图 7-21 所示。

2. 下铺安装

(1)下铺铺腿安装

①将对把铺腿靠间壁摆放,间壁单边安装卧铺,铺腿眼孔与间壁上预埋的钢板螺套对齐。间壁双边安装卧铺,使铺腿上螺栓孔与预埋在间壁里面的不锈钢套管孔对齐。

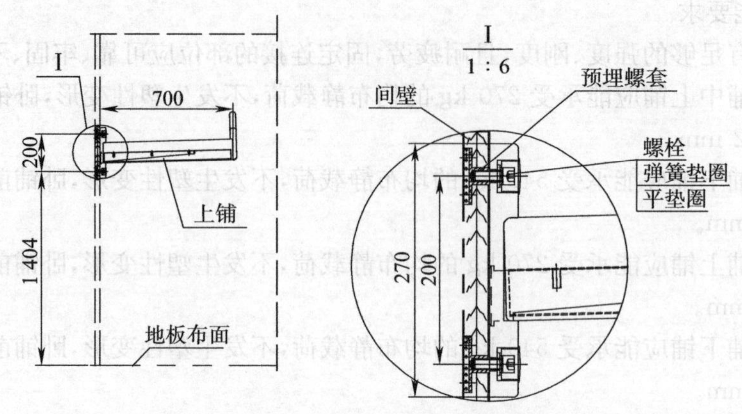

图 7-19　间壁单边挂卧铺安装图(单位:mm)

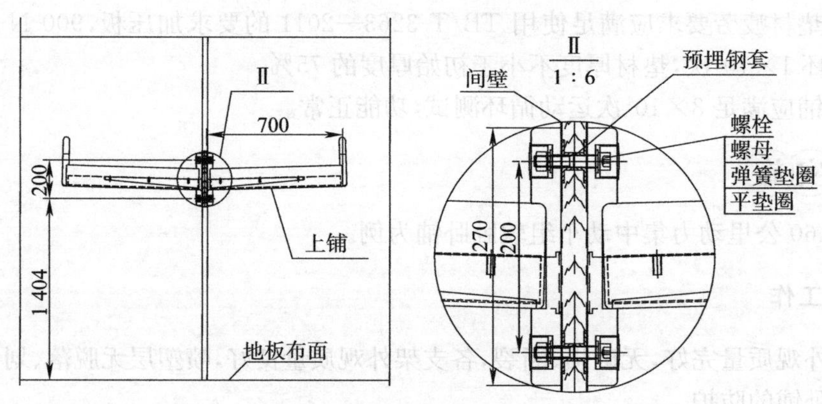

图 7-20　间壁双边挂卧铺安装图(单位:mm)

②用螺栓 M8×20、平垫圈、弹簧垫圈(图 7-22)将间壁单边安装卧铺铺腿固定牢固。用螺栓 M8×60、平垫圈、弹簧垫圈(图 7-23)将间壁双边安装卧铺铺腿固定牢固;卧铺安装后,再用十字槽沉头螺钉 M5×35(图 7-22)将铺腿固定在地板布上。

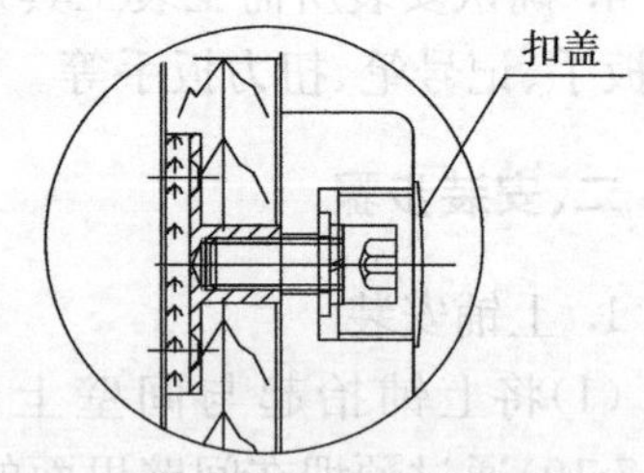

图 7-21　卧铺支撑座扣盖安装

(2)下铺铺体安装

①将下铺放在下铺铺腿上,用螺栓、平垫圈、弹簧垫圈、螺母(图 7-24)预装,螺栓头安装于下铺侧,螺母安装于铺腿侧,两侧均要加平垫圈。

②调整缝隙满足铺与隔间间壁之间的缝隙为(10±2) mm,如图 7-24 所示。

③将螺栓拧紧,弹簧垫圈压平。

(3)防松标记涂打

自检合格后,规范涂打自检防松标记;待互检合格后,规范涂打互检防松标记。

(4)安装完毕

将工具整齐摆放至工具箱内,清扫作业现场,使现场整洁、干净。

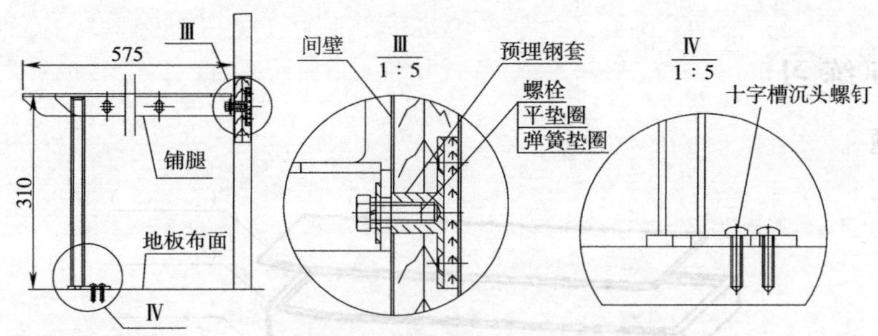

图 7-22 间壁单边安装卧铺铺腿安装图(单位:mm)

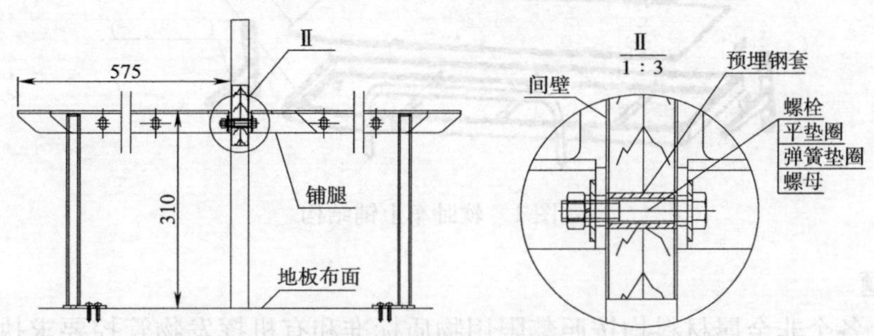

图 7-23 间壁双边安装卧铺铺腿安装图(单位:mm)

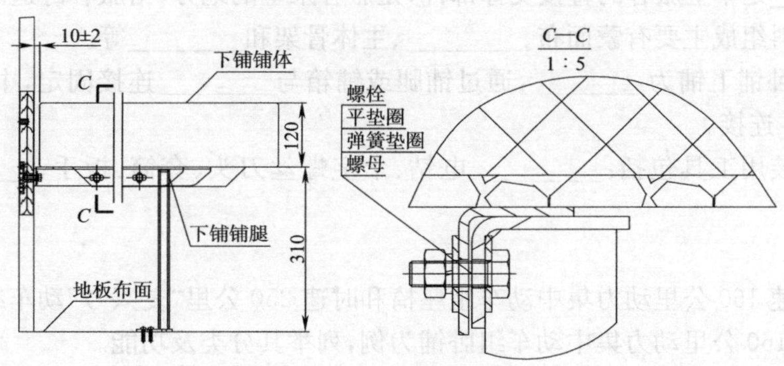

图 7-24 下铺铺体安装图(单位:mm)

任务评价

班级		姓名		学号		日期	
序号	评价要点			配分		得分	总评
1	能写出卧铺的结构			20			A □ (86～100) B □ (76～85) C □ (60～75) D □ (60 以下)
2	能描述卧铺的主要性能和参数			20			
3	能说出卧铺的安装步骤			30			
4	能遵守纪律、以积极的态度接受任务			10			
5	能积极参与小组讨论,团队间相互合作			10			
6	能及时完成老师布置的任务			10			
总分				100			
小组建议							

巩固与练习

一、识图题

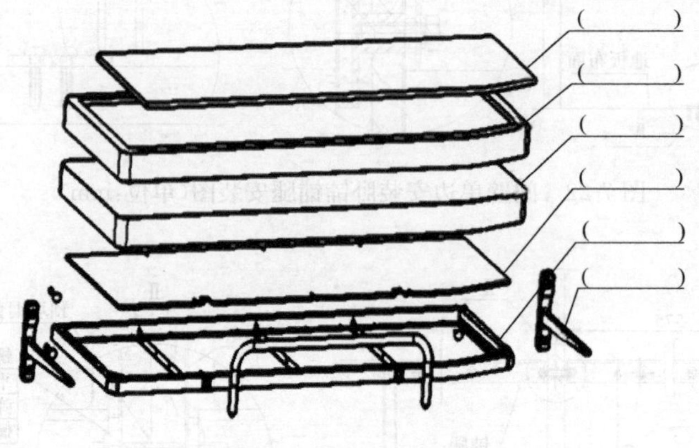

题图 1　软卧车上铺结构

二、填空题

1. 座椅上各个非金属材料均按照禁限用物质标准和有机挥发物管控要求执行，确保座椅选材属于________材料，符合相应环境保护标准的要求。

2. ________是车上旅客的直接支撑部件，是旅客乘坐的地方，给旅客舒适的乘坐空间。

3. 座椅材料组成主要有蒙面布、________、主体骨架和________等。

4. 软卧车卧铺下铺为________，通过铺腿或铺箱与________连接固定，中上铺通过卧铺支架与________连接。

5. 卧铺安装用工具包括：________、电钻、十字螺丝刀头、套筒、扳手、________、扭力扳手等。

三、简答题

1. 列举时速 160 公里动力集中动车组座椅和时速 250 公里“复兴号”动车组座椅分类。

2. 以时速 160 公里动力集中动车组卧铺为例，列举其分类及功能。

3. 简述时速 160 公里动力集中动车组座椅安装过程。

4. 简述时速 160 公里动力集中动车组软卧卧铺安装过程。

项目八　行李架模块

学习目标

1. 知识目标

(1)熟悉行李架模块的作用、功能及各部分使用材料。

(2)熟悉行李架模块的结构及安装步骤。

2. 能力目标

(1)能说出行李架模块的作用、功能及各部分使用材料。

(2)会行李架模块的结构及安装步骤。

3. 素质目标

(1)培养学生严谨细致的工作态度。

(2)培养学生遵守行为操作规范。

(3)培养学生责任心与职业道德。

任务一　行李架模块的认知

任务描述

作为旅客存取行李物品的支撑部分,为充分考虑旅客行李物品大小、重量等多方面需求,对行李架空间提出相应要求,本任务内容主要介绍了行李架的作用、功能和材料,通过本任务的学习,了解行李架的作用,熟悉行李架的主要功能,熟悉行李架的材料。

知识链接

客室行李架(图 8-1)为旅客提供行李存放的空间。行李架位于客室内,通长布置在两侧客室座椅的上方(图 8-2)。其设计结构和强度满足《铁道客车行李架和衣帽钩》(TB/T 3286—2011)规定。

一、行李架的主要功能

1. 物品存放功能

客室行李架可存放高不小于 260 mm,宽度不小于 300 mm 的矩形截面的物品。行李架倾角不小于 5°,即可防止行李滑落,也能满足对行李的存放和取用。

2. 行李可视功能

客室行李架的隔板采用透明、半透明材料,乘客能从下方观察到上方的行李。

图 8-1　客室行李架布置

图 8-2　客室行李架示意图

3. 机械接口功能

客室行李架能为侧顶板及墙板提供隐藏的不可视的机械接口，提升客室内饰效果。

4. 集成电气设备

客室行李架内部根据配置，集成有灯带、烟火报警器、扬声器和座位显示器等电气设备。此处装饰板可翻转，方便电气设备的检修维护。

二、行李架的主要材料

客室行李架的主要结构分为金属材质的承载托架、前型材组件、后型材组件、下挡板组成和非金属材质的承载面板。

1. 承载托架

承载托架为铸铝件，牌号 ZL115-T5。铸件性能符合《铸造铝合金》(GB/T 1173—2013)的相关要求。

2. 前型材组件

前型材组件的主要材质为 6061-T6。型材性能符合《一般工业用铝及铝合金挤压型材》(GB/T 6892—2015)。型材尺寸按《动车组用铝及铝合金　第 4 部分：型材》(TB/T 3260.4—2011)精密级制作。可视表面粗糙度不高于 3.2 μm，直线度不超过 1 mm/m，扭曲度不超过 1 mm/m，平面度不超过 0.1 mm/25 mm^2。

3. 后型材组件

后型材组件的主要材质为 6063-T5。型材性能符合《一般工业用铝及铝合金挤压型材》

(GB/T 6892—2015)。型材尺寸按《动车组用铝及铝合金　第 4 部分:型材》(TB/T 3260.4—2011)精密级制作。可视表面粗糙度不高于 3.2 μm,直线度不超过 1 mm/m,扭曲度不超过 1 mm/m,平面度不超过 0.1 mm/25 mm²。

4. 下挡板组成

下挡板组成的主要材质为 6063-T5。型材性能符合《一般工业用铝及铝合金挤压型材》(GB/T 6892—2015)。型材尺寸按《动车组用铝及铝合金　第 4 部分:型材》(TB/T 3260.4—2011)精密级制作。可视表面粗糙度不高于 3.2 μm,直线度不超过 1 mm/m,扭曲度不超过 1 mm/m,平面度不超过 0.1 mm/25 mm²。

5. 承载面板

承载面板材质为化学钢化夹胶玻璃或聚碳酸酯板。

(1)化学钢化夹胶玻璃

化学钢化夹胶玻璃分为三层,上下两层为化学钢化玻璃,中间层为 PVB 胶膜。玻璃的乘客界面做磨砂和防手印处理。夹胶玻璃中玻璃的各项性能符合《铁道车辆用安全玻璃》(GB 18045—2000)的相关要求。

(2)聚碳酸酯板

材料英文名为 Polycarbonate,常用缩写为 PC,其性能要求见表 8-1。

表 8-1　聚碳酸酯板性能要求

项　目	试验方法	指标要求
表面硬度	GB/T 6739	≥4H 或选取 3 块样品 500×1 200,使用普通拉杆箱(塑料滚轮),盛放 20 kg 物品,平放在 PC 板上,使其在样品上来回滑动(滑动长度≥500 mm),一来一回为一次,连续进行 15 000 次,试验结束后,在另一面对比试验前后的外观效果,要求不能看见明显划痕
耐磨性	GB/T 768	用专用磨轮在上表面磨 1 000 转,然后测 PC 的雾度(表面的磨损耗)要求<2%。用专用磨轮在下表面磨 1 000 转,然后测 PC 的雾度(表面的磨损耗) 要求<8%
拉伸强度	GB/T 1040.1	≥60 MPa
弯曲强度	GB/T 9341	≥80 MPa
弯曲模量	GB/T 9341	≥2 400 MPa
吸水率	GB/T 1034	不大于 1.5%
耐酸碱	分别用 0.15 mL(98% 乙酸,5%硫酸,5%碳酸钠)的溶液滴到水平放置的试板表面	≥30 min 外观颜色无变化
耐腐蚀	GB/T 10125	500 h,单向腐蚀≤2 mm
冲击强度(有缺口)	GB/T 1043.1	≥11 kJ/m²
热挠曲温度	GB/T 1634.2	≥75 ℃
线膨胀系数	ISO 11359-2	不大于 0.000 07 K^{-1}

学习任务单

<table>
<tr><td>学习任务</td><td colspan="3">动车组行李架模块认知</td></tr>
<tr><td>目标</td><td colspan="3">1. 知道行李架模块的作用
2. 知道行李架模块的主要功能
3. 熟悉行李架模块的材料</td></tr>
<tr><td>班级</td><td rowspan="2"></td><td>姓名</td><td></td></tr>
<tr><td>小组</td><td>日期</td><td></td></tr>
<tr><td colspan="4">【任务内容】
1. 写出行李架模块的作用。

2. 说出动车组行李架的主要功能。

3. 说出行李架各部分的材料。</td></tr>
</table>

任务评价

班级	姓名	学号		日期	
序号	评价要点	配分	得分	总评	
1	能写出行李架模块的作用	20		A □（86～100） B □（76～85） C □（60～75） D □（60 以下）	
2	能说出动车组行李架的主要功能	20			
3	能说出行李架各部分的材料	30			
4	能遵守纪律、以积极的态度接受任务	10			
5	能积极参与小组讨论，团队间相互合作	10			
6	能及时完成老师布置的任务	10			
	总分	100			
小组建议					

任务二　时速 160 公里动力集中动车组行李架的结构与安装

任务描述

为充分考虑旅客行李存放的需求，考虑行李的重量大小等因素，保障行李架无永久性变形或损坏，对行李架的结构和安装提出要求，本任务内容是了解时速 160 公里动力集中动车组行李架的结构，掌握行李架的安装步骤。

知识链接

时速 160 公里动力集中动车组行李架由承载托架、前部型材、后部型材、承载面板及下挡板等部件组成，如图 8-3 所示。行李架各项技术指标应满足《铁道客车行李架和衣帽钩》(TB/T 3286—2011)的要求。行李架允许的最大集中载荷为 850 N(作用于外缘最大跨度的对称中心处)，同时允许承受的均匀载荷为每延米 1 000 N，无损伤及永久性变形；在无载荷状态下，每延米挠曲度不大于 1 mm。行李架振动和冲击试验按照《轨道交通　机车车辆设备　冲击和振动试验》(GB/T 21563—2018)中 1 类 A 级要求进行，试验后行李架无结构损坏，无塑性变形。

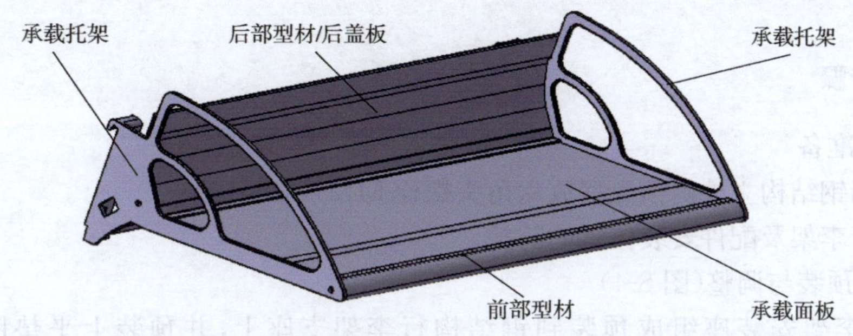

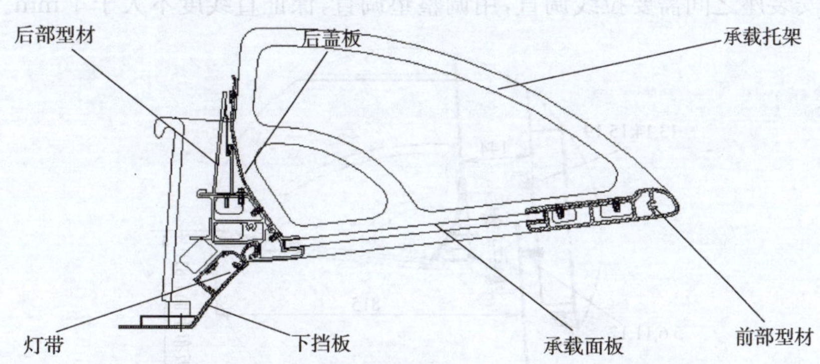

图 8-3　时速 160 公里动力集中动车组客室行李架组成

一、行李架主框架结构

由两端承载托架及前、后部型材组成行李架的主框架结构。前、后部型材与托架采用不锈钢螺钉连接，连接牢固可靠，可增加螺纹锁固剂。

二、承载面板

承载面板采用 PC 板。面板与前、后部型材采用插接方式连接，面板与型材接触处垫胶垫，连接牢固可靠，不得出现松动现象，面板可现车拆卸更换。

三、下挡板组成

下挡板组成与后部型材区域设有灯带集成。

一、准备工作

1. 行李架及配件外观质量良好，表面无破损、划痕等缺陷。

2. 确认环境符合施工要求。

3. 对可能出现碰擦的地方做好防护。

4. 确认安装所需工装工具是否完备。安装用工具包括：扭力扳手、套筒、卷尺、靠尺、吸尘器、记号笔等。

二、安装步骤

1. 安装前准备

(1)在侧墙钢结构立柱内预先摆放六角头螺栓 M12×40。

(2)拆除行李架及配件安装位置的防护。

2. 安装座预装与调整(图 8-4)

(1) 将行李架安装座组成预装到钢结构行李架支座上，并预装上平垫圈、六角薄螺母 M12。

(2)同侧安装座之间需要拉线调直，用调整垫调直，保证直线度不大于 1 mm。

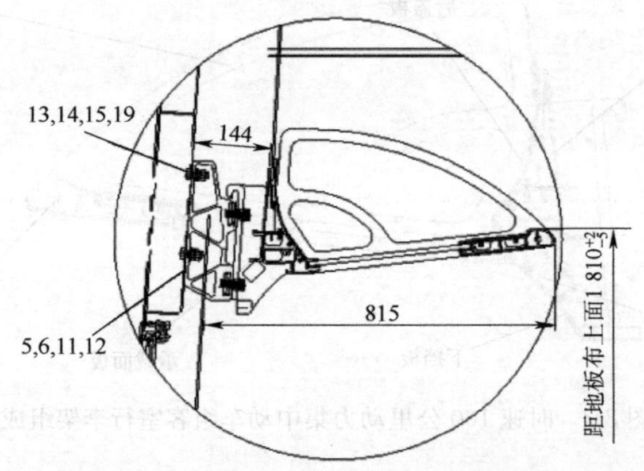

5,6—行李架安装座组成；11,12—调整垫；
13,14,15,19—1 型六角螺母、平垫圈、六角头螺栓、六角薄螺母。

图 8-4　安装座预装与调整(单位：mm)

3. 安装座紧固

(1)使用扳手预紧固。

(2)使用扭力扳手紧固行李架安装座六角薄螺母，紧固扭矩 51 N·m，再紧固六角螺母，紧固扭矩 73 N·m，紧固后螺栓螺纹必须比螺母螺纹突出至少 3 扣。

(3)自检合格后，规范涂打自检防松标记。待互检合格后，规范涂打互检防松标记。

4. 行李架摆放

(1)安装座滑槽内摆放滑块螺母。

(2)将行李架按布置从一位端向二位端摆放到安装位置,用平垫圈、弹簧垫圈、六角薄螺母M10将行李架预紧固。预紧螺母应拧入5扣以上,保证行李架不会脱落。

5. 行李架调整

调整行李架满足以下要求:

(1)行李架前端部上表面距地板布面 $1\ 810^{+2}_{-5}$ mm。

(2)各相邻行李架之间的缝隙为1～3 mm,接缝对齐,错位不大于1 mm。

(3)行李架安装后须平直顺线,直线度不大于2 mm。

(4)端部装饰板安装后与玻璃圆头的间隙不得大于3 mm,且应与其相邻的行李架后压板对齐。

6. 行李架紧固

(1)使用扳手预紧固。

(2)使用扭力扳手紧固六角头螺栓M10×35,紧固扭矩41 N·m,紧固后螺栓螺纹必须比螺母螺纹突出至少3扣。

(3)自检合格后,规范涂打自检防松标记。待互检合格后,规范涂打互检防松标记。

7. 端部装饰板安装(图8-5)

(1)将端部装饰板拆除,根据侧顶缝隙来现配端部装饰板长度。

(2)将预先组装好的连接铁与端部罩板,一侧与行李架托梁连接,一侧与间壁连接。

(3)将端部装饰板与连接铁上口卡入弹簧卡,下口用螺钉连接。

(4)螺钉处安装装饰帽。

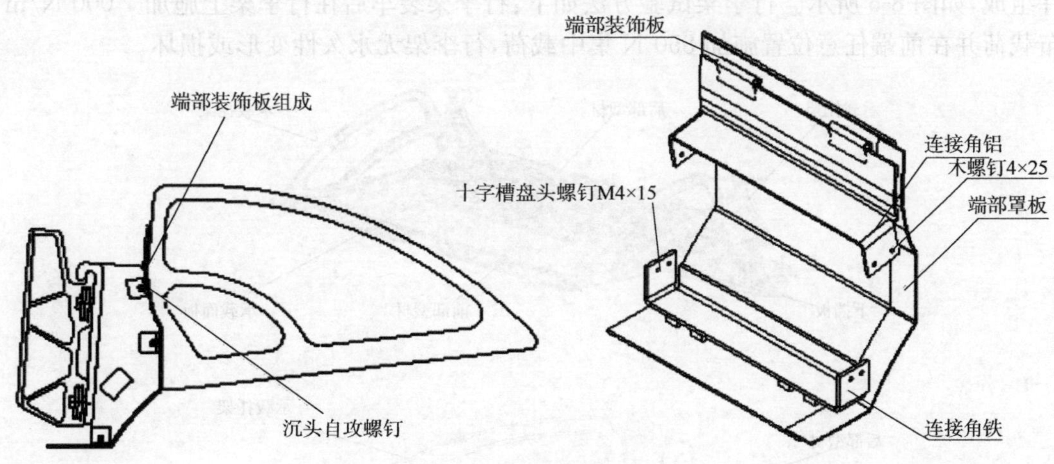

图8-5　端部装饰板安装

8. 下部灯带安装(除一位端)

将行李架灯带按照标记分好左右件,摆放到安装位置,并用配套安装紧固件紧固,灯带安装牢固,螺钉紧固到位。各相邻灯带之间的缝隙为1～3 mm,且与对应行李架之间的缝隙对齐。灯带安装后须平直顺线,直线度不大于2 mm。

9. 安装完毕

将工具整齐摆放至工具箱内,清扫作业现场,使现场整洁、干净。

任务评价

<table>
<tr><td>班级</td><td></td><td>姓名</td><td></td><td>学号</td><td></td><td>日期</td><td></td></tr>
<tr><td>序号</td><td colspan="5">评价要点</td><td>配分</td><td>得分</td><td>总评</td></tr>
<tr><td>1</td><td colspan="5">能写出行李架的结构</td><td>30</td><td></td><td rowspan="5">A □（86～100）
B □（76～85）
C □（60～75）
D □（60 以下）</td></tr>
<tr><td>2</td><td colspan="5">能描述行李架的安装步骤</td><td>40</td><td></td></tr>
<tr><td>3</td><td colspan="5">能遵守纪律、以积极的态度接受任务</td><td>10</td><td></td></tr>
<tr><td>4</td><td colspan="5">能积极参与小组讨论，团队间相互合作</td><td>10</td><td></td></tr>
<tr><td>5</td><td colspan="5">能及时完成老师布置的任务</td><td>10</td><td></td></tr>
<tr><td colspan="6">总分</td><td>100</td><td></td></tr>
<tr><td>小组建议</td><td colspan="8"></td></tr>
</table>

任务三　时速 250 公里“复兴号”动车组行李架的结构与安装

任务描述

时速 250 公里“复兴号”动车组具有全面自主化，性能提升，更加智能等特点。本任务内容是了解时速 250 公里“复兴号”动车组行李架的结构，掌握行李架的安装步骤。

知识链接

时速 250 公里“复兴号”动车组行李架由托架、前部型材、后部型材、承载面板及下挡板等部件组成，如图 8-6 所示。行李架试验方法如下：行李架装车后在行李架上施加 1 000 N/m 的均布载荷并在前端任意位置施加 850 N 集中载荷，行李架无永久性变形或损坏。

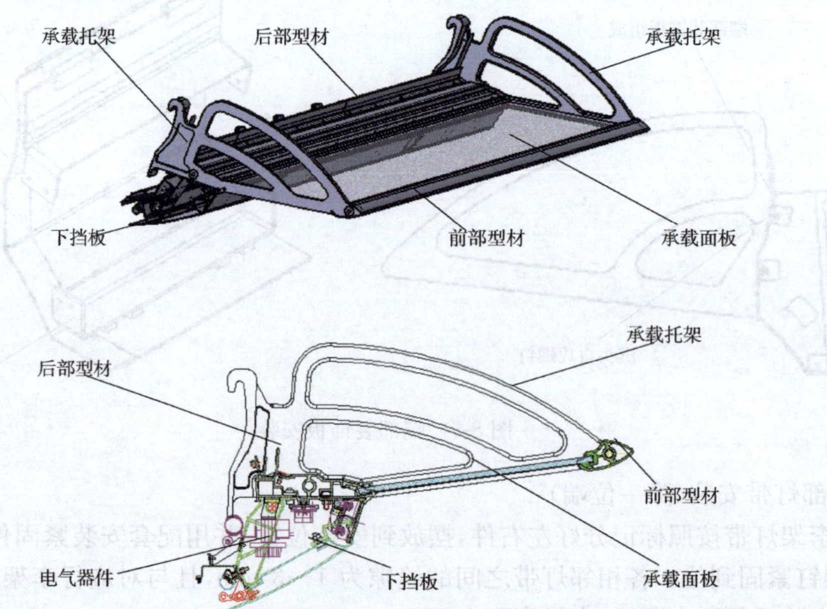

图 8-6　时速 250 公里“复兴号”动车组客室行李架组成

一、行李架主框架结构

由两端承载托架及前、后部型材组成行李架的主框架结构。前、后部型材与托架采用不锈钢螺钉连接,连接牢固可靠,可增加螺纹锁固剂。

二、承载面板

承载面板采用PC板。面板与前、后部型材采用插接方式连接,面板与型材接触处垫胶垫,连接牢固可靠,不得出现松动现象,面板可现车拆卸更换。

三、下挡板组成

下挡板组成与后部型材区域设有扬声器、火灾探测器、座位显示器、紧急报警器、窗灯等电气集成。

任务实施

一、准备工作

1. 检查车体侧墙上的行李架安装接口是否完整,尺寸正确。
2. 确认环境符合施工要求。
3. 对可能出现碰擦的地方做好防护。
4. 确认安装所需工装工具是否完备。安装用工具包括:扭力扳手、套筒、卷尺、靠尺、吸尘器、记号笔等。

二、安装步骤

1. 测量车体侧墙安装面尺寸,选择适当垫片将安装面调整至满足图纸要求。
2. 将螺栓穿入车体侧墙安装接口内。
3. 将行李架安装座安装点穿过螺栓,再安装垫片及螺母。
4. 调整行李架安装座至满足图纸要求后使用工具拧紧紧固件。
5. 先将行李架托架上部挂钩挂在行李架安装座上部,再将下部紧固件拧紧。
6. 待整辆车行李架安装完毕之后,检查其整体外观,并进行调整,使其满足以下要求:

(1)两组行李架组成间接缝前后宽度均匀一致。

(2)两端行李架组成与客室内端间壁距离均匀一致。

(3)同侧行李架高度差不得大于1 mm。

(4)两对侧行李架安装高度相差不得大于3 mm。

(5)行李架后型材、下挡板高度应分别保持一致。

(6)客室内前型材直线度不大于1 mm/m。

三、安装后验收标准

1. 满足上述安装步骤6的要求。
2. 外观质量完好,无磕碰、损伤。

任务评价

<table>
<tr><td>班级</td><td></td><td>姓名</td><td></td><td>学号</td><td></td><td>日期</td><td></td></tr>
<tr><td>序号</td><td colspan="4">评价要点</td><td>配分</td><td>得分</td><td>总评</td></tr>
<tr><td>1</td><td colspan="4">能写出行李架的结构</td><td>30</td><td></td><td rowspan="6">A□（86～100）
B□（76～85）
C□（60～75）
D□（60 以下）</td></tr>
<tr><td>2</td><td colspan="4">能描述行李架的安装步骤</td><td>40</td><td></td></tr>
<tr><td>3</td><td colspan="4">能遵守纪律、以积极的态度接受任务</td><td>10</td><td></td></tr>
<tr><td>4</td><td colspan="4">能积极参与小组讨论，团队间相互合作</td><td>10</td><td></td></tr>
<tr><td>5</td><td colspan="4">能及时完成老师布置的任务</td><td>10</td><td></td></tr>
<tr><td colspan="5">总分</td><td>100</td><td></td></tr>
<tr><td>小组建议</td><td colspan="7"></td></tr>
</table>

巩固与练习

一、识图题

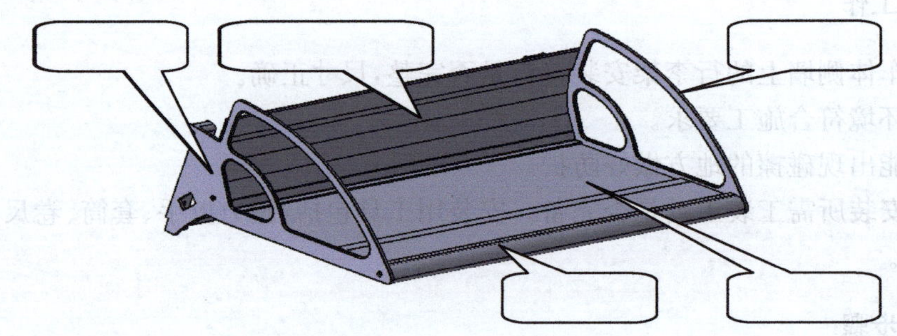

题图 1　客室行李架组成

二、填空题

1. 客室行李架可存放高不小于________，宽度不小于________的矩形截面的物品。行李架倾角不小于________，即可防止行李滑落，也能满足对行李的存放和取用。

2. 行李架主框架结构中前、后部型材与托架采用________连接，连接牢固可靠，可增加________。

3. 行李架安装准备工作中，要求行李架及配件外观质量良好，表面无________、________等缺陷。

三、简答题

1. 简述行李架模块的作用。
2. 简述行李架模块的功能。
3. 简述行李架模块的各部分所使用的材料。
4. 简述时速 250 公里“复兴号”动车组行李架模块的安装步骤。

项目九　动车组司机室

学习目标

1. 知识目标

(1)熟悉司机室主要结构、功能及内装的主要材料。

(2)熟悉司机室外饰的结构及安装步骤。

(3)熟悉司机室内饰的结构及安装步骤。

(4)熟悉司机室设备的结构及安装步骤。

(5)熟悉司机室开闭罩的结构及安装步骤。

2. 能力目标

(1)能说出司机室模块各主要结构的名称及功能。

(2)会正确操作司机室各设备。

(3)会根据技术要求和安装步骤规范进行司机室模块的安装。

3. 素质目标

(1)培养学生严谨细致的工作态度。

(2)培养学生安全操作的意识。

(3)培养学生规范操作的规范意识。

(4)培养学生团结协作、认真负责的职业道德。

任务一　司机室模块的认知

任务描述

为了满足列车运营的需要，每列动车组列车两端都设有司机室，它们具有相同的结构设置与功能。动车组司机室内装结构与安装要符合空气动力学车头的设计要求，要能保障安全和舒适性，满足驾驶环境、人机工程、对信号和仪器的可见性。本任务内容是熟悉动车组司机室的结构、功能及内装的主要材料等知识。

知识链接

司机室(图 9-1)为列车的大脑，是列车司机的工作空间。司机室应坚固、美观、安全、隔热、隔声、防尘、防火、全封闭且具有良好的视野的空间。

图 9-1　司机室

一、司机室主要结构的功能

1. 雨刮器

雨刮器是用来刮除附着于车辆挡风玻璃上的雨点及灰尘的设备，能改善司机的能见度，增加行车安全。雨刮器主要由穿墙体组件、穿墙体接头、驱动机构、水管、刮片、刮臂等组成，同时具有防腐、防火、耐振动和冲击等性能。

2. 头灯

头灯的主要作用是照亮前方路面情况，另外提醒他人注意车辆所处的位置。头灯主要由灯体、灯罩、灯泡、启动装置、PCB 板、LED 等组成，具有耐候、防火、密封、耐高温等性能。

3. 地板

地板为行走的支撑面，主要由地板骨架(地板减振器布置)、地板与地板布等组成，同时具有防护、隔离、支撑、安全紧固等功能。

4. 遮阳帘

遮阳帘为电动遮阳帘，主要的作用是为司机遮挡强光照射。遮阳帘主要由遮阳系统、导向滑轨、电动驱动机构三大部分组成。电动遮阳帘通过开关控制，即按即行、松开即停，能实现无极定位。在运动过程中不能出现遮阳布松动、下垂、打皱等现象，滑轨必须有足够的刚度和强度，同时具有防火性、光透性、织物拉伸性等。

5. 隔声罩

隔声罩主要作用是防止外界噪声入侵，保护司机的听力。隔声罩主要有顶部隔声罩、侧墙隔声罩等，同时具有隔声性、安全性、防火性等。

6. 司机室顶板

司机室顶板墙板的主要作用是降低噪声、美化驾驶空间。司机室顶板由骨架、前压板组成、角铝、左右侧墙板、前窗下盖板组成、遮阳帘罩板组成、上压板组成、平顶板组成、装饰立柱组成、装饰堵、窗口胶条等构成，同时具有可靠性、安全性、可维护性(维护和维护成本)以及防火性能(可燃性、有毒性和发烟性)。

7. 司机室台柜

司机室台柜又称操纵台及边柜，由操纵台、边柜和操纵台骨架等组成，是列车牵引、制动、运行操纵、控制及监视的中心。司机室台柜主要有日常或行驶期间需要使用的控制和指示元器件、信号系统和运行状态监视显示器等，为司机提供重要的操纵运行信息及列车状态信息，是保证列车安全、舒适运行的重要设施。同时满足环境要求（高温、低温存储等），具有美观性、耐振动和冲击性、防水性等。

8.间壁及后端门

间壁及后端门可隔断旅客与司机的联系，它由间壁组成、门上头组成、踢脚板和盖条、门框和门槛、门板组成、门止挡组件等构成，具有隔离、支撑等作用。

9.气密门

气密门又称为检查门，便于检查前舱设备。气密门主要由外门框、气密橡胶、内门框、气密门、压紧锁等组成，同时具有隔离功能、密封功能、可靠性等。

10.空调风道

空调风道为司机提供适宜的驾驶温度。空调风道主要由司机室消声风道、司机室主风道、司机室侧墙送风道、侧墙软送风道、侧墙连接风道、后端墙回风道、双联风口和后端墙连接风道、司机室送风软管等组成，同时具有环保、静音、保温等功能。

11.座椅及工具箱

座椅及工具箱可帮助司机更好地驾驶及应急处理，它主要由司机室座椅组件、工具箱组件等组成，同时具有安全性、舒适性等。

12.逃生窗

逃生窗可以安全、迅速、便捷、系统地帮助司机应急逃生，同时可以提高车内视野。

13.前罩开闭机构

前罩开闭机构在单列运行时，使前端活动舱门处于关闭状态，形成完整的列车空气动力学外形，减小风阻和风噪。在需要重联运行时，使前端活动舱门处于开启位置，以便车钩能够完全、无障碍连挂，并能够适应在不同曲线半径上运行时车钩摆角带来的影响。

二、司机室内装的主要材料

司机室内装常用的材料有玻璃钢、铝蜂窝、复合板、铝骨架及钢骨架等。司机台、边柜、墙板、顶板、开闭罩常用玻璃钢件，玻璃钢件均由玻璃钢（GRP）和内部支撑件（如支架、螺纹衬套或金属加固件等）构成。上述玻璃钢件均属层压材料，它由胶衣、树脂和玻璃纤维构成，在空间允许的条件下，设计人员可以设计一些空腔或填充物，以达到提高刚度、强度和减重的目的。

1.胶衣

图纸中规定的可视表面或漆面应使用可油漆型胶衣，胶衣厚度为（0.5±0.25）mm，在断裂延伸率方面，胶衣和树脂具有相同的特性。

2.树脂

选用UP树脂，此外，必须保证UP树脂和其他复合材料零部件之间的承载连接，以避免剥离。

3.玻璃纤维

使用由E或S玻璃做成的非纺布纤维来作为加强材料，连续纤维以及最小长度低于50 mm的切割纤维，玻璃纤维板每单元区域允许的最大面密度为450 g/m²。

4. 脱模剂

仅允许使用无硅胶的脱模剂，为了保证完好的可油漆表面，脱模剂必须在喷漆之前清除干净。

5. 腻子

采用聚酯腻子作为模具分离表面（不同部分的连接）的隔层时，非填充腻子的最大厚度必须为 1 mm；填充间隙/接头时，必须采用厚度大于 1 mm 的填充型聚酯腻子；采用的腻子和树脂在断裂延伸率方面具有相同的特性。

6. 金属功能部件

金属功能部件如支架、螺纹衬套、金属加强件等，采用防腐钢（如 1.4301，1.4571，1.4057 等）或者特殊的铝合金（例如 EN AW5754 H22，EN AW6082 T6 或 T4，EN AW6060T6 或 T4 等）制成；带焊接接头的部件，则必须根据 EN 15085 保证 CSR Puzhen 图纸上规定的焊缝质量等级和认证等级。

所有玻璃钢件外露的可见表面应可以耐受侵蚀，包括规定使用条件中存在的腐蚀、冲击、刮擦、香烟灼烫、清洗剂等。所有玻璃钢件应不含 PVC 和石棉，橡胶型材和合成型材不得有过多的老化特征，并且所使用的材料不得散发异味和超出环保标准的 TVOC 挥发物。材料的选用、结构特性、制作工艺和耐受性必须符合标准 NF F-01-281 的要求。不同设备之间的接口（如安全门、挡风玻璃、司机台等）及 UIC 651 陈述的人机工程理论应在考虑范围之内。

间壁、地板、隔间门、检查门、工具箱常用铝蜂窝板，铝蜂窝板一般采用多层结构，上下为铝合金板，芯板采用六角形 3003 型铝蜂窝芯。面板 1.0 mm(5052-H32)＋[铝蜂窝 70-4-0.065 (3003-H18)NR＋型材骨架 6063-T5＋预埋件]＋面板 0.5 mm，厚度为(22±0.5) mm。

学习任务单

<table>
<tr><td>学习任务</td><td colspan="3">动车组司机室模块认知</td></tr>
<tr><td>目标</td><td colspan="3">1. 知道司机室模块的结构
2. 知道司机室模块各主要结构的功能
3. 熟悉司机室内装的主要材料</td></tr>
<tr><td>班级</td><td></td><td>姓名</td><td></td></tr>
<tr><td>小组</td><td></td><td>日期</td><td></td></tr>
<tr><td colspan="4">【任务内容】
1. 写出司机室的作用及要求。

2. 写出司机室模块主要结构。

3. 说出司机室内装的主要材料。</td></tr>
</table>

任务评价

<table>
<tr><td>班级</td><td></td><td>姓名</td><td></td><td>学号</td><td></td><td>日期</td><td></td></tr>
<tr><td>序号</td><td colspan="4">评价要点</td><td>配分</td><td>得分</td><td>总评</td></tr>
<tr><td>1</td><td colspan="4">能写出司机室模块主要结构</td><td>20</td><td></td><td rowspan="7">A □（86～100）
B □（76～85）
C □（60～75）
D □（60 以下）</td></tr>
<tr><td>2</td><td colspan="4">能说出司机室模块各主要结构的功能</td><td>30</td><td></td></tr>
<tr><td>3</td><td colspan="4">能辨别动车组司机室内装的主要材料</td><td>20</td><td></td></tr>
<tr><td>4</td><td colspan="4">能遵守纪律、以积极的态度接受任务</td><td>10</td><td></td></tr>
<tr><td>5</td><td colspan="4">能积极参与小组讨论，团队间相互合作</td><td>10</td><td></td></tr>
<tr><td>6</td><td colspan="4">能及时完成老师布置的任务</td><td>10</td><td></td></tr>
<tr><td colspan="5">总分</td><td>100</td><td></td></tr>
<tr><td>小组建议</td><td colspan="7"></td></tr>
</table>

任务二　司机室外饰的结构与安装

任务描述

司机室外饰主要包括司机室头罩、头灯、雨刮器等。本任务内容是熟悉司机室头罩的结构、特点，雨刮器的作用和组成，了解雨刮器的技术要求，掌握动车组外饰结构的安装方法与步骤。

知识链接

一、司机室头罩

司机室头罩采用自承载聚酯玻璃钢夹芯结构，厚 40 mm。司机室头罩通过螺栓连接和胶粘接方式连接在司机室钢结构上，外漏缝隙位置打密封胶密封。

司机室头罩机械安装接口方案同动力车一致，司机室头罩前端和车体的连接是通过粘接和车体实现，如图 9-2 所示。

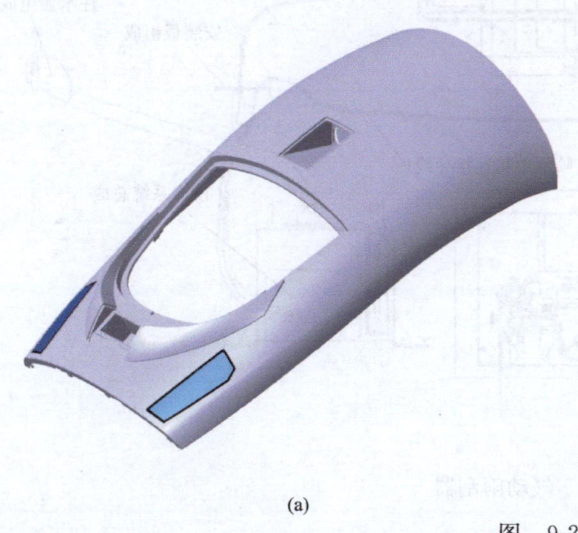

(a)

5

1　2　3　4

(b)

图　9-2

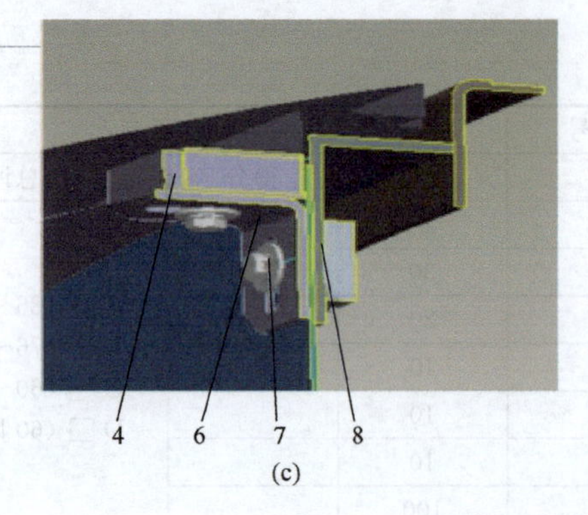

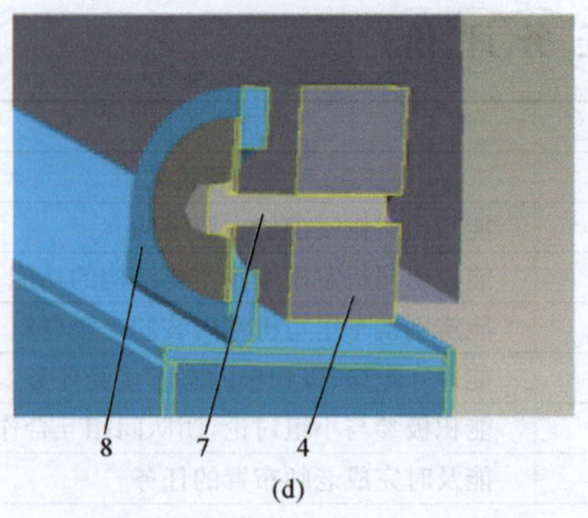

图 9-2　司机室头罩安装

1—开闭机构；2，3—胶黏剂 Sika 265；4—司机室头罩；5—头罩前面结构粘接面；6—头罩安装角码；7—六角头螺栓；8—车体端墙及骨架

二、雨刮器

雨刮器带有喷淋装置，具有间歇动作功能，刮刷面积须符合司机视野要求。一整套的气动雨刮器包括刮片组成、刮臂组成、气动马达组成、穿墙接头、控制板、安装板组成（水管、电缆车下进车内安装板）、水箱、注水口、注水管、气管、连接导线等部件，如图 9-3 所示。

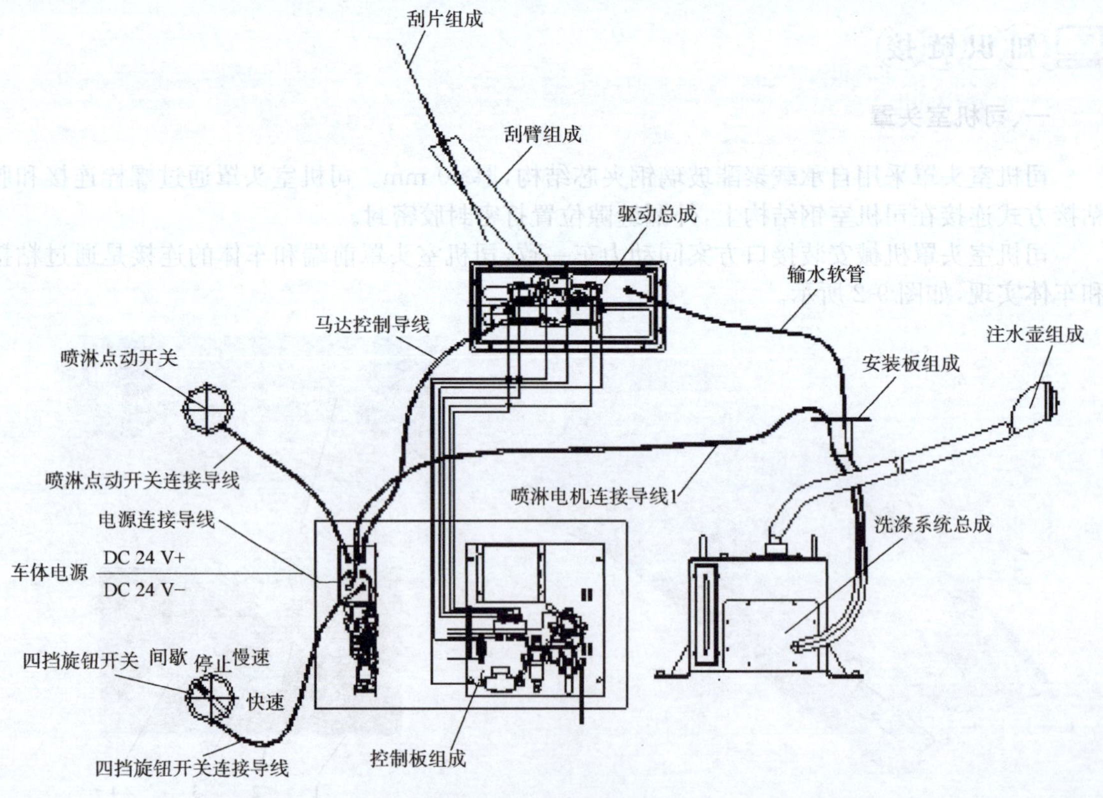

图 9-3　气动雨刮器

以时速 250 公里“复兴号”动车组为例。

一、技术要求

1. 司机室雨刮器及刮臂

(1)刮臂采用弯型刮臂(从车内向外看,向左侧弯曲)。

(2)刮片与刮臂、刮臂与雨刮器轴的连接应紧固可靠、拆卸方便,在使用过程中不应发生松动和明显变形。

(3)雨刮器轴与轴套间,穿墙体接头与车体之间应密封良好,不渗水。

(4)雨刮器刮臂水管应采用管卡固定到刮臂上,防止车辆运行时振动导致水管松动或破损;刮臂水管固定后,刮臂最下端的管卡后端水管应预留 (300±10) mm。

(5)驱动装置四连杆机构转动灵活,避免出现卡滞现象;电机堵转后,具有保护装置,避免电机烧损。

(6)雨刮器水箱与水泵之间的过滤器应采用金属外壳。

(7)雨刮器在正常工作情况下,能均匀的摆动,不应出现抖动现象。

(8)在车辆以 250 km/h 运行两车交会时,雨刮器无浮起现象。正常使用情况下,不允许出现刮臂断裂或变形、刮片翘起、刮片和胶条脱落现象。

2. 司机室头灯

前组合灯由远光灯(白色)、近光灯(白色)、标志灯(红色、白色)及附件组成。前组合灯能提供“亮”和“暗”两种照明强度,并能提供标志灯照明。

系统设备具有一定的结构强度,保证在一定振动冲击条件下不会发生裂纹。

在任何情况下,前组合灯的光线不得影响信号灯及信号标志灯的色光质量,不得干扰司机对各种行车信号灯的正确辨认。

前组合灯设计及安装过程中严格考虑密封性能。为充分考虑检修方便,在前组合灯灯体底部设置检查门。电气连接器需采用防水连接器,前组合灯灯体外框内外表面均进行光滑平整处理,材料强度满足 EN 12663 标准中的冲击加速度要求,耐温 106 ℃。

前组合灯所使用的材料必须满足耐高温的要求,既要满足照度透光的要求,也要满足前组合灯灯泡使用时发光和发热的温度要求,并应充分考虑灯体散热的问题,灯体的壳体最高温度不超过 60℃,保证前组合灯正常照明的长期使用。

前组合灯灯罩无色透明,透光率>83%(材质厚度 4 mm 时的透光率)。成型后做紫外线固化处理,增加耐候性,使用寿命为 10 年。机械性能达到:拉伸模量>2 400 MPa;屈服应力>66 MPa;缺口冲击强度>68 kJ/m²;最大破坏力>5 400 N;喷砂试验满足 ISO 11127:1998 的要求。另外,灯罩周边涂与车体相同颜色金属油漆,油漆标号参照美工技术条件。涂装后,表面做特殊处理,避免因为刷车等外部因素出现油漆脱落现象。前组合灯安装时需与车体打胶固定部位不得涂金属漆。前照灯所用密封胶不得与车体打胶产生化学反应,不得影响车体打胶的密封性。灯内装饰罩安装后要求美观,从前组合灯的外面看不到安装点以及灯体内部结构等。其材质耐温 143 ℃,表面镀金属膜处理(装饰罩上的装饰条为镀高亮金属膜,装饰罩其他区域为镀磨砂金属膜),使用寿命为 10 年。要求所镀膜必须无气泡等影响美观的缺陷。

标志灯灯罩应为透明带花纹 PC,能有效遮挡内部 LED 颗粒。

前组合灯灯体与铝合金车头的安装之间增加密封垫,使用寿命为 10 年。前组合灯灯泡在灯体内的安装应该充分保证调节灯泡聚光时所需要的足够的空间范围,同时保证灯泡热膨胀以及列车振动不对灯泡的使用造成影响。

二、安装步骤

1. 司机室雨刮器及刮臂

(1)安装前准备

检查司机室雨刮器及刮臂(图 9-4)外观无磕碰、划伤,目视外观无变形。准备工具、消耗料、物料。

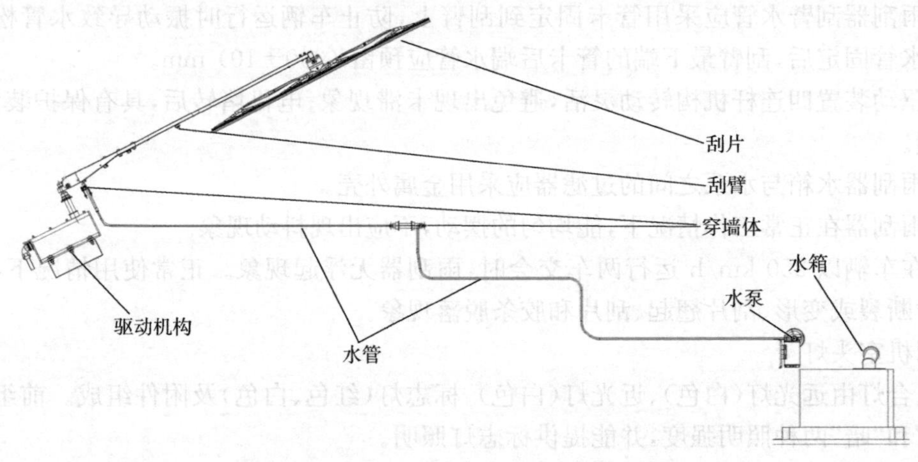

图 9-4　司机室雨刮器及刮臂

(2)驱动机构安装

①将驱动机构(图 9-5)上 M26 主轴对准车体上的安装孔,调整主轴在车体圆孔中居中,保证主轴突出车体(70±5) mm,调整完成后,逐个拆下螺栓,涂螺纹锁固剂乐泰胶 243 后进行紧固,紧固力矩为 17.8～20.8 N·m,打防松标记。

②在车体外部的转轴孔与车体缝隙内打设备密封胶(黑色)进行密封,要求打胶严密美观不得漏水。

③使用规格 M26 的螺母、垫圈、弹簧垫圈及橡胶垫片对露出车体部分转轴进行固定,紧固力矩为 70 N·m,打防松标记。随后使用防护盖扣在 M26 螺母上,确保无松动现象。

(3)穿墙体接头安装

①将穿墙体接头(图 9-6)由车外穿过车体开孔,使喷嘴方向与车体纵向中心平行。

②使用 M4 的螺钉、防松垫片、螺母及平垫圈将进水口组件连同密封橡胶垫圈紧固到车体上,M4 的紧固件使用工具手动拧紧到位即可,紧固件需涂抹螺纹锁固剂乐泰胶 243。

③使用自带紧固件从车内将进水口组件紧固到车体上,拧紧力矩 15 N·m,画防松标记。

④穿墙体组件(图 9-7)安装在气密墙上,连通气密墙内外表面;在穿墙体组件上安装 ϕ24 mm 的平垫圈和密封圈,将其由气密墙外穿入,使用平垫圈、密封圈、洛帝牢防松垫圈、扁平螺母将之紧固到气密墙内表面上,紧固力矩为 60 N·m,画防松标记。

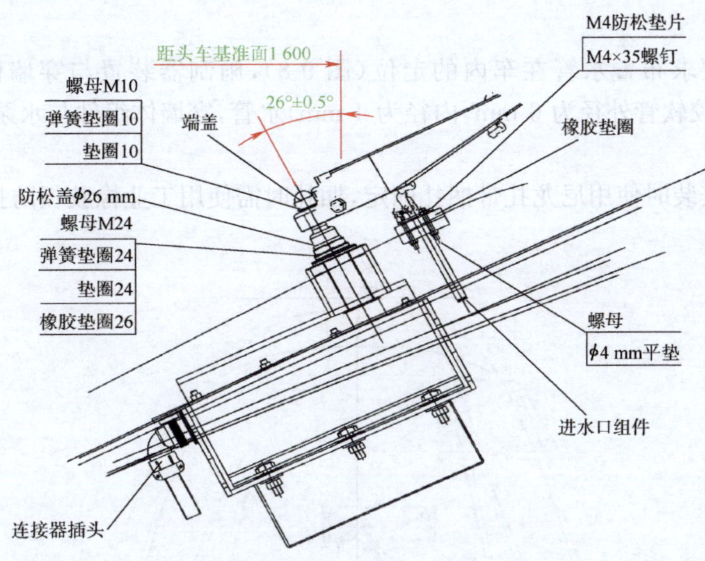

图 9-5　驱动机构安装图(单位:mm)

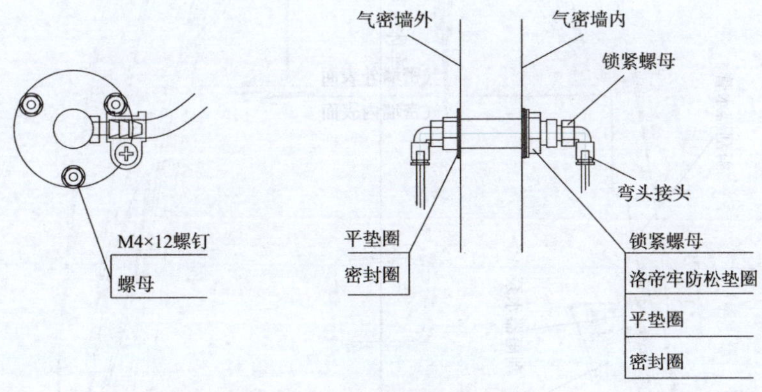

图 9-6　穿墙体接头安装图

⑤使用锁紧螺母将弯管接头连接到穿墙体组件(位于气密墙内侧),螺母的紧固力矩为 45 N·m,画防松标记。

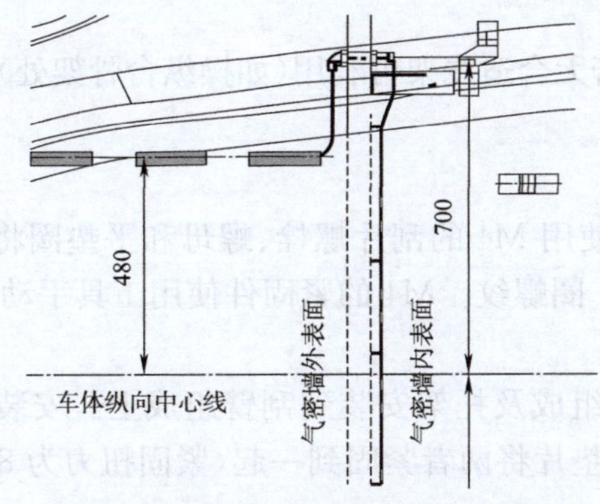

图 9-7　穿墙体组件安装图(单位:mm)

(4)水管安装

①参照图纸要求布置水管在车内的走位(图 9-8),雨刮器装置与穿墙体组件之间使用 6 mm×4 mm(橡胶软管外径为 6 mm,内径为 4 mm)水管,穿墙体组件与水泵之间使用 8 mm×6 mm 水管。

②供水软管安装时使用尼龙扎带捆扎固定,捆扎时需使用工业橡胶板防护。

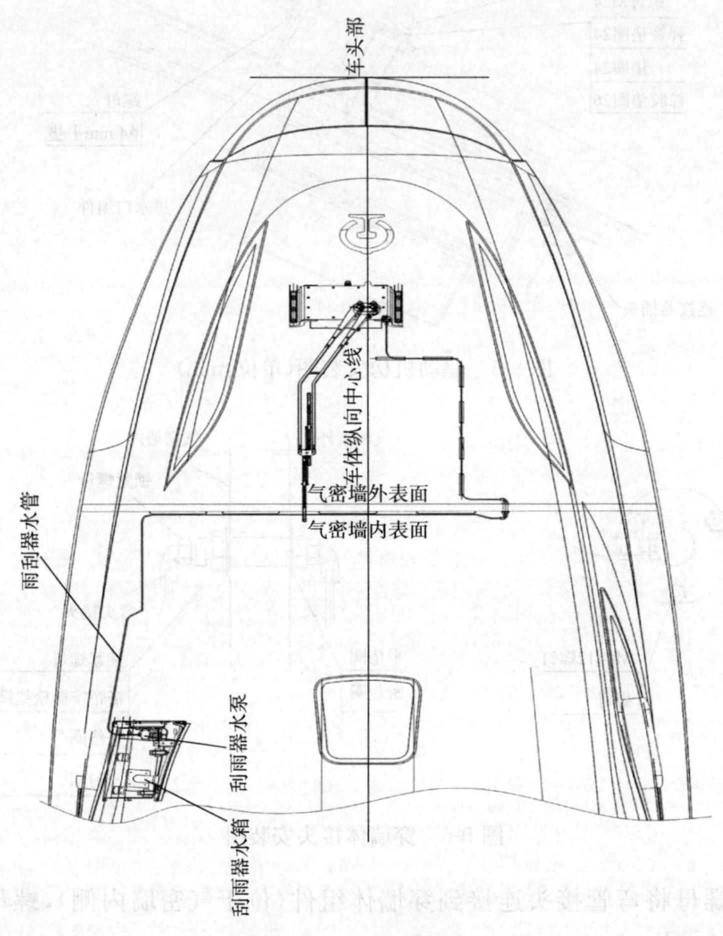

图 9-8　水管安装图

③水管路安装固定时,若无合适线架可利用(如操纵台骨架处),需采用水管固定夹及尼龙扎带进行固定。

(5)刮片安装

①刮片安装(图 9-9)时使用 M4 的刮片螺栓、螺母和平垫圈将刮片组成与托架组装到一起,要求刮片螺栓至少露出 1 圈螺纹。M4 的紧固件使用工具手动拧紧到位即可,外露螺栓不画防松标记。

②安装刮臂前需将刮片组成及托架安装到刮臂组成上。安装时防止刮片夹损坏前窗玻璃,使用刮臂螺栓、螺母及平垫片将两者紧固到一起,紧固扭力为 8 N·m,外露螺栓不画防松标记。

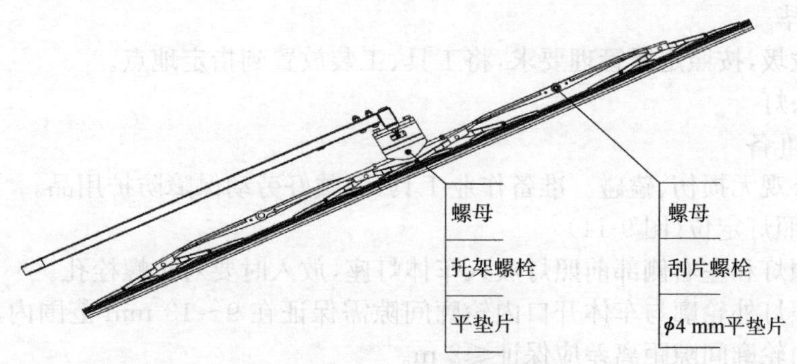

图 9-9　刮片安装图

(6)刮臂安装

刮片安装完成后即可进行刮臂安装(图 9-10)工序。

①使用 M10 的螺母、弹簧垫圈和垫圈将刮臂安装到雨刮器电机转轴上。M10 的紧固件扭力值 38 N・m,画防松标记。

②将端盖安装到电机转轴端部。

③将刮臂上的水管安装到穿墙体上部出水口上,安装时应留出足够的长度,以防止软管打结或防止在刮臂和刮刀整个运动过程中到喷嘴流量受限。所有管接头处需用紧固件配合管夹固定牢固,保证在雨刮器喷水过程中不漏水。

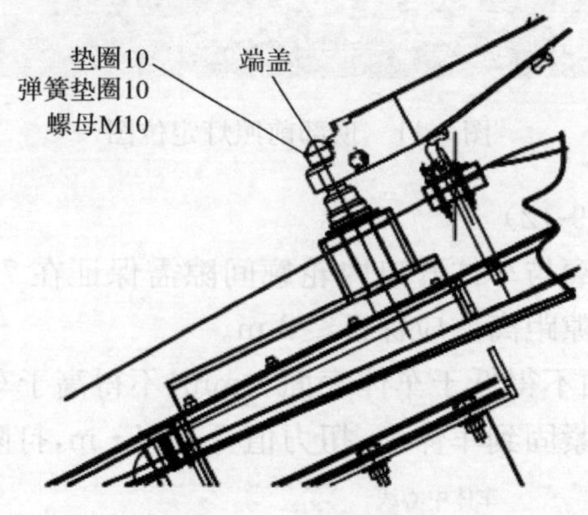

图 9-10　刮臂安装图

(7)刮臂调试

雨刮器安装完成后,进行雨刮器动作试验。

①雨刮器洗车位置时,雨刮器刮片组成需保持在玻璃中间位置(以刮臂与刮片连接处的刮刀夹中心点为测量部位,与前窗玻璃丝网印最内侧距离相等,两侧允许相差最大 10mm)。

②喷洒玻璃水情况下,雨刮器在慢速、间歇位置刮刷时,下刮片刮刷范围尽量居中(刮刷范围以同一挡位连续刮刷 3 次以上、刮刷面积最大时为准;以下刮片刮刷区域的左下角和右下角为测量基点,与前窗玻璃丝网印最内侧距离相等,两侧相差最大 25 mm)。

③雨刮器在快速位刮刷时,上、下刮片刮刷范围(刮刷范围以同一挡位连续刮刷 3 次以上、刮刷面积最大时为准)可以超出前窗玻璃丝网印最内侧,但不允许接触到前窗玻璃边缘的密封胶。

(8)安装完毕

清理现场垃圾,按照定置管理要求,将工具、工装放置到指定地点。

2.司机室头灯

(1)安装前准备

检查物料外观无损伤、磕碰。准备作业工具,穿戴好劳动保障防护用品。

(2)顶部前照灯定位(图 9-11)

①顶部前照灯和左右侧部前照灯放入车体灯座,放入时要对正螺栓孔。

②顶部前照灯外轮廓与车体开口内轮廓间隙需保证在 9～13 mm 范围内,同一头灯外轮廓与车体开口内轮廓间隙距离差应保证≤2 m。

③高度方向,前照灯表面不得低于车体表面 3 mm,不得高于车体表面 2 mm。使用 M6 螺母及垫圈将顶部前照灯紧固到车体上,扭力值 7.1 N·m,打防松标记。

图 9-11 顶部前照灯定位图

(3)侧部前照灯安装(图 9-12)

①左右侧部前照灯外轮廓与车体开口内轮廓间隙需保证在 7～11 mm 范围内,同一头灯外轮廓与车体开口内轮廓间隙距离差应保证≤2 m。

②高度方向,前照灯表面不得低于车体表面 3 mm,不得高于车体表面 2 mm。使用 M6 螺母及垫圈将左右侧部前照灯紧固到车体上,扭力值 7.1 N·m,打防松标记。

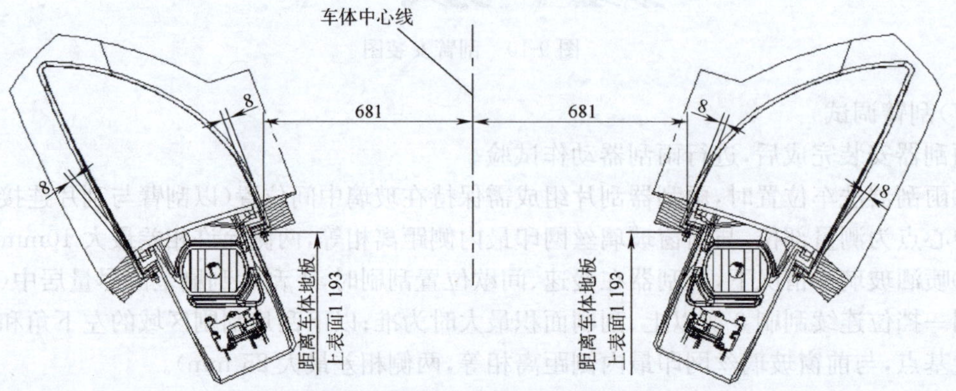

图 9-12 侧部前照灯安装图(单位:mm)

(4)打胶密封

灯体与车体的缝隙打胶均匀、充实、胶面饱满、连续且无气泡。注意:所有紧固件均需用密封胶包裹,然后手动抹平。

(5)安装完毕

清理现场垃圾,按照定置管理要求,将工具、工装放置到指定地点。

任务评价

<table>
<tr><td>班级</td><td></td><td>姓名</td><td></td><td>学号</td><td></td><td>日期</td><td></td></tr>
<tr><td>序号</td><td colspan="4">评价要点</td><td>配分</td><td>得分</td><td>总评</td></tr>
<tr><td>1</td><td colspan="4">熟悉司机室外饰的结构和功能</td><td>10</td><td></td><td rowspan="8">A □ (86～100)
B □ (76～85)
C □ (60～75)
D □ (60 以下)</td></tr>
<tr><td>2</td><td colspan="4">能说出司机室外饰的技术要求</td><td>10</td><td></td></tr>
<tr><td>3</td><td colspan="4">能正确完成安装前准备工作</td><td>20</td><td></td></tr>
<tr><td>4</td><td colspan="4">能正确进行司机室外饰的安装</td><td>30</td><td></td></tr>
<tr><td>5</td><td colspan="4">能遵守纪律、以积极的态度接受任务</td><td>10</td><td></td></tr>
<tr><td>6</td><td colspan="4">能积极参与小组讨论,团队间相互合作</td><td>10</td><td></td></tr>
<tr><td>7</td><td colspan="4">能及时完成老师布置的任务</td><td>10</td><td></td></tr>
<tr><td colspan="5">总分</td><td>100</td><td></td></tr>
<tr><td>小组建议</td><td colspan="7"></td></tr>
</table>

任务三　司机室内饰的结构与安装

任务描述

司机室内饰主要是为了降低噪声、美化驾驶空间,隔断旅客与司机的联系。本任务内容是熟悉司机室地板的组成与特点,内墙板、顶板的组成,遮阳帘的组成及特点,了解司机室内饰结构的技术要求,掌握动车组内饰结构的安装方法与步骤。

知识链接

一、时速 160 公里动力集中动车组司机室内饰的结构

1. 司机室地板

司机室地板(图 9-13)分为前部固定地板和后部活动地板,二者结构相同,采用沉头螺钉安装在车体底架支架上,安装完成后在地板和司机台之间打密封胶密封。前部固定地板上面安装有司机座椅,不能直接打开;后部活动地板卸下安装螺钉后,可以打开检修下面的制动管路等设备。

司机室地板是由胶黏剂把防滑耐磨橡胶地板布、金属复合地板、隔声毡粘接复合而成,如图 9-14 所示。

2. 内装墙、顶板

司机室内装采用玻璃钢材质,包括平顶板、侧墙板、前罩板等,具体按照司机室内装的分块方案进行设计,如图 9-15 所示。

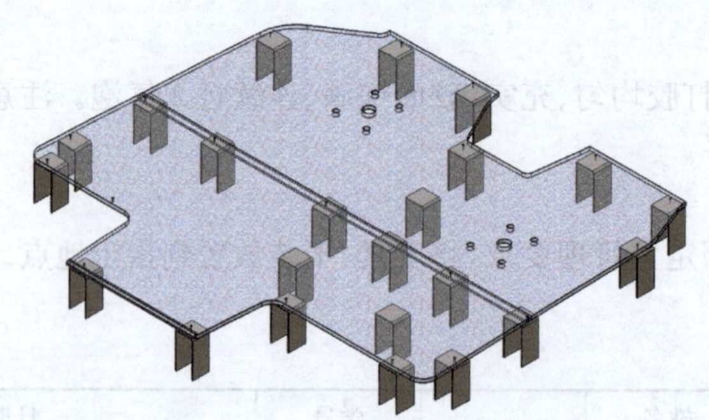

图 9-13　司机室地板

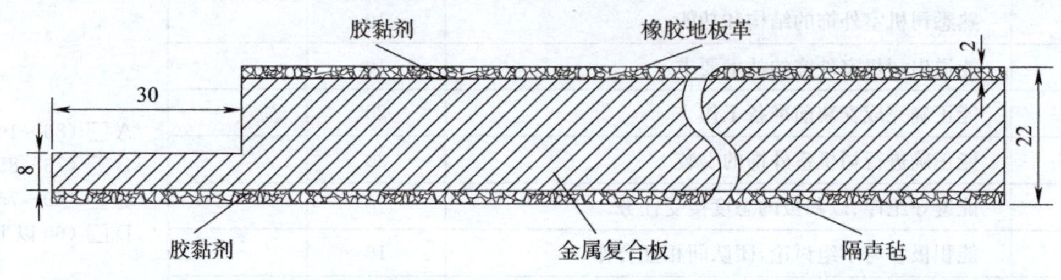

图 9-14　司机室地板组成(单位:mm)

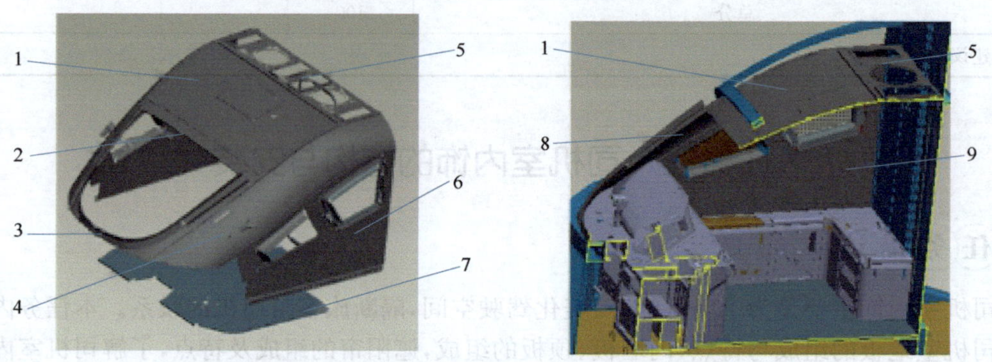

1—中顶板;2—遮阳帘装饰板;3—前端横罩板;4—侧顶板左;
5—端墙顶板;6—侧墙板左;7—地板;8—侧顶板右;9—侧墙板右。

图 9-15　司机室内装墙、顶板

二、时速 250 公里"复兴号"动车组司机室内饰的结构

1. 司机室地板

司机室地板由复合隔声地板组成,安装结构跟客室地板相同,地板减振器通过螺栓固定在铝合金车体的滑槽上,地板固定在减振器上,如图 9-16 所示。

复合隔声地板由下面板、下层芯板、内部隔声层、上层芯板、上面板组成,四周有封边型材,如图 9-17 所示。

2. 司机室墙板、顶板

司机室墙板、顶板采用手糊玻璃钢或模压玻璃钢材质。内装板安装须平整,预留研配量,允许现车研配安装。所有螺钉安装时,现车配钻,螺钉安装后钉头不高于内装饰板面,均需使用螺纹紧固胶紧固。

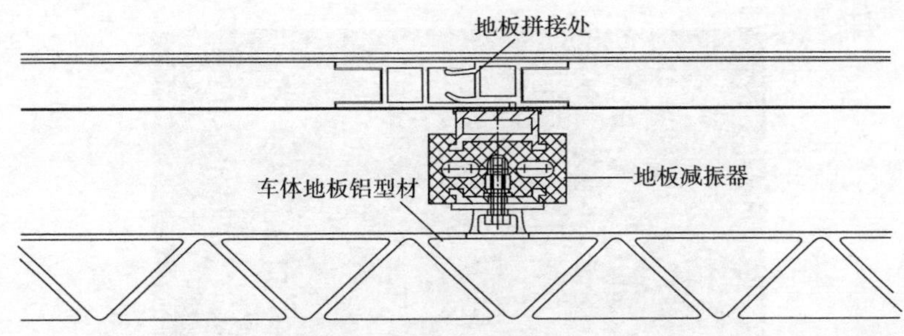

图 9-16　司机室地板安装图

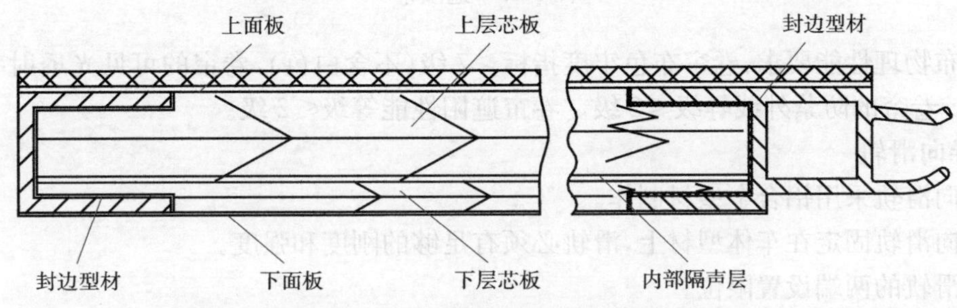

图 9-17　司机室隔声地板组成图

墙板、顶板等大幅宽内装板采用玻璃钢夹心结构，夹心玻璃钢结构总厚度 10 mm，正面和背面覆贴玻璃钢，中间芯材采用优质闭孔发泡材料，可视面喷涂隔声减振涂料，如图 9-18 所示。

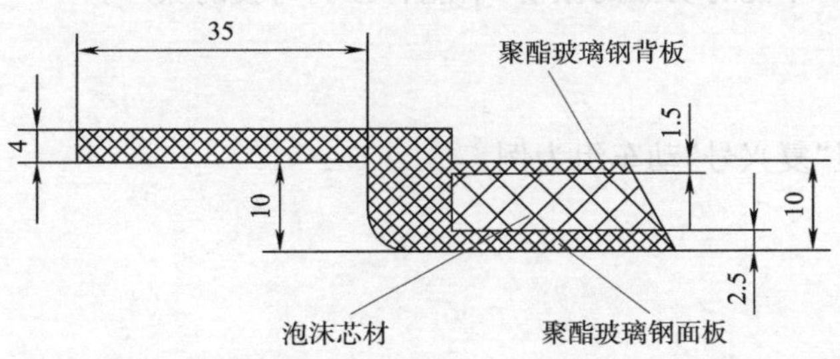

图 9-18　司机机室墙板、顶板组成图(单位:mm)

3. 司机室遮阳帘

司机室遮阳帘由遮阳系统、导向滑轨、电动驱动机构三大部分组成。遮阳帘通过开关控制，即按即行、松开即停，能实现无极定位。断电后，具有手动操作的功能，手动钥匙放置于司机室座椅下方工具箱中，如图 9-19 所示。

(1)遮阳系统

①遮阳系统由一个卷筒抽拉式遮阳帘组成。遮阳范围与玻璃可视界面吻合。

②遮阳帘运动过程中不能出现遮阳布松动、下垂、打皱等现象。

③帘布的颜色及纹理按技术执行。

④遮阳帘的卷筒采用铝合金型材制作。

⑤遮阳帘的卷筒表面喷漆处理。

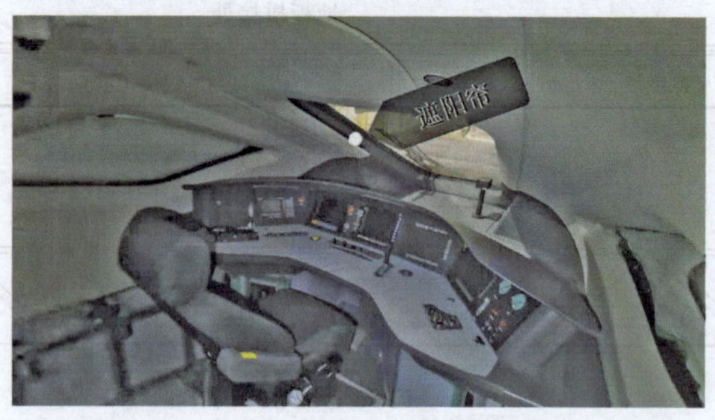

图 9-19　遮阳帘

⑥帘布物理性能要求：卷帘布色牢度指标≥7 级(不含白色)，卷帘的可见光透射率透光等级≤3 级。卷帘的防紫外线等级≤2 级。卷帘遮阳性能等级≤2 级。

(2)导向滑轨

①导向滑轨采用铝合金型材制作。

②导向滑轨固定在车体型材上，滑轨必须有足够的刚度和强度。

③在滑轨的两端设置限位。

(3)电动驱动机构

①驱动电机为直流电机，电机为低热低噪声。

②驱动机构的减速器采用绳轮形式，与电机集成为一单元，可单独安装在车体上。

③遮阳帘通过开关控制，即按即行、松开即停，要求运动顺畅，无卡滞现象。

④在使用过程中，不能有明显的振动，不能有影响驾驶的噪声。

任务实施

以时速 250 公里“复兴号”动车组为例。

一、技术要求

1. 司机室地板

(1)铝和异种金属接触部位涂铬酸锌底漆，地板滑槽安装以车体纵向中心线定位，尺寸公差为(0,－1)。

(2)地板上的所有紧固件不得高出地板的上面板，而且不得松动和折断。

(3)地板之间连接用现车配开的铆钉孔直径控制在 4.9～5.0 mm。

(4)地板与铝合金车体骨架之间用不同厚度的调整垫调整高度，地板安装后，在 2 m 范围内高度差不大于 2 mm，不得有明显沟棱、松动等缺陷，人在踩踏时不得发出声响和颤动。

(5)地板接缝间安装应平整，接缝处高度差不大于 0.5 mm，接缝缝隙 1～3 mm，地板接缝及钉头处用密封胶堵严找平。

(6)铺地板布之前要清扫地板表面，去除接缝密封残留物，无切屑、异物及灰尘并进行脱脂处理。

(7)地板布要粘贴牢固，不得有疤及凹凸不平、气泡、折皱等缺陷。

(8)地板布的接缝、现车裁口部分要执行图纸的要求，地板布焊缝要均匀平滑，切断面要整齐，不得有飞边或锯齿等缺陷。

2. 司机室遮阳帘

(1)遮阳系统由一个或三个卷筒抽拉式遮阳帘组成，遮阳范围与玻璃可视界面吻合。

(2)遮阳帘运动过程中不能出现遮阳布松动、下垂、打皱等现象。

(3)导向滑轨固定在车体型材上，滑轨必须有足够的刚度和强度且在滑轨的两端设置限位。

(4)驱动电机为直流电机，电机为低热低噪声。

(5)驱动机构的减速器采用绳轮形式，与电机集成为一单元，可单独安装在车体上。

3. 司机室隔声罩

安装前各预埋件要牢固，安装后螺钉及螺栓不得松动，接缝均匀一致，不均匀度不超过 2 mm。安装后不得出现裂纹、色差、发花、碰划伤等缺陷。与车体结构之间加调整垫要粘贴牢固，防止振动声响。

4. 司机室墙板

(1)墙板安装前各预埋件要牢固，安装后螺钉及螺栓不得松动，接缝均匀一致，不均匀度不超过 1 mm。

(2)墙板安装后不得出现裂纹、色差、发花、碰划伤等缺陷。

(3)墙板与车体结构之间加调整垫要粘贴牢固，防止振动声响。

(4)窗口胶条与窗玻璃要保证密贴接触，不得有脱落和变形等缺陷。

(5)窗口墙板安装后，需保证卷帘滑动顺畅，可停止在滑道长度范围内任意位置，不得出现阻滞、振动和异常响声现象。

(6)铝和异种金属接触部位涂铬酸锌底漆。

(7)相邻墙板之间高度差不允许超过 1 mm。

(8)墙板安装后须牢固可靠，在车辆运行过程中不允许出现异常响声。

5. 司机室顶板

(1)客室顶板骨架安装后，距地板布上平面高度差不大于 3 mm，顶板安装后，距地板布上平面高度差不大于 2 mm，顶板平面度不大于 2 mm。

(2)客室侧顶板安装后，侧顶板平面度不大于 2 mm，侧顶板在车体长度方向上要平直，直线度不大于 2 mm。侧顶板之间闪缝均匀一致。

(3)客室中顶板要对缝均匀，通长方向下表面平齐，高度差不大于 1 mm。

(4)通过台及走廊顶板骨架、安装座安装后，2 m 范围内距地板布上平面高度差不大于 3 mm，整个通过台及走廊顶板骨架、安装座高度差不大于 3 mm。

(5)通过台及走廊顶板安装后距地板布上平面高度差不大于 2 mm ，安装后牢固可靠，相邻顶板之间要平直，不得变形。

(6)通过台及走廊顶板接缝均匀一致，沿接缝长度方向上每米差值不能大于 0.5 mm，安装后距地板布上平面的高度公差为 0～5 mm。

(7)各顶板安装后表面不得有划伤、开胶、鼓包、裂纹、疤痕、欠损等缺陷。

(8)固定顶板的螺钉、垫圈、垫板、胶黏剂等要牢固，不得松动或脱落。

(9)铝和异种金属接触部位涂铬酸锌底漆。

(10)顶板安装后须牢固可靠，在车辆运行过程中不允许出现异常响声。

6. 司机室操控台

操控台外壳采用玻璃钢开模成型，操控台是司机作业最为频繁的区域，是人机对话的窗口，是整车的关键部件。

借鉴既有高寒型动车组温度控制策略，执行环境温度控制要求如下：

(1)动车组在－25 ℃时可以起动。

(2)动车组在－40 ℃环境下可长期稳定运行，即在－40 ℃存放超过 8 h 后，如果环境温度上升到－25 ℃温度后，各种材料的机械性能应满足要求、各种电气部件能够正常启动运行。

7. 司机室台柜

司机室台柜骨架及面板表面应有美工要求颜色的外观油漆涂层，即先用环氧树脂作底漆涂一次(膜厚 60 μm 以上)，再涂面漆二次，面漆总厚度不应低于 60 μm，面漆颜色及纹理应依照采购方提供的图纸和样板施工。漆层应平整、清洁、牢固、光滑，不应有肉眼可辨的色泽不均现象，不应有透出底漆的地方，不应有斑点、细砂粒、流漆、气泡、手印和黏附物。对铆接骨架的外露面上的铆钉进行处理，确保不露钉。

8. 司机室间壁及后端门

(1)间壁与地板的垂直度不大于 2 mm，走廊处间壁整体 2 m 平面度不大于 2 mm。

(2)各内部门门口宽度尺寸公差为±2 mm，高度尺寸公差为±1.5 mm，对角线之差不大于 3 mm。

(3)各间壁门板安装后，要开关灵活，锁、折页、减振橡胶等功能件要作用良好，与四周门框或间壁要闪缝均匀，不得有异常响声。

(4)间壁接缝上下均匀、每米高度方向上差值不能大于 0.5 mm。

(5)间壁安装后，房间长度偏差为±5 mm，对角线之差为±5 mm。

(6)间壁板安装后不得有划伤、开胶、鼓包、裂纹、疤痕、欠损等缺陷。

(7)间壁门板与门框接触面按图纸要求加减振海绵，防止振动声响。

(8)地角压条安装需研配的部位要平滑，不得露出断面，对接间隙及与间壁间隙不得超过 0.5 mm，对接处错位不得超过 0.5 mm。

(9)间壁、顶板等部位要闪缝均匀，下沿距地板面高度尺寸公差为＋3 mm，紧固件安装要牢固，不得松动。

(10)在垃圾箱处间壁接缝处以及踢脚板与地板接触处等要按照图纸及相关文件要求涂打密封胶，打密封剂时需均匀一致。

(11)铝和异种金属接触部位涂铬酸锌底漆。

(12)间壁上各门板须与相应门框、折页研配、配套，保证门板开启灵活，无异常声响，且开度大于 90°。

二、安装步骤

1. 司机室地板

(1)地板支座定位(图 9-20)

①根据现车实际情况使用调整垫板调整地板支座高度，保证安装后安装座任意 2 m 范围内平面度不大于 1 mm。

②使用清洁处理调整垫板和车体的待粘接面，干燥 10 min，使用胶黏剂 CK370 将调整垫

板粘接到车体滑槽上。

③使用紧固件将地板支座紧固到车体滑槽上，螺栓紧固扭力值为 8～10 N・m，画防松标记。(紧固件均涂抹乐泰胶 243)

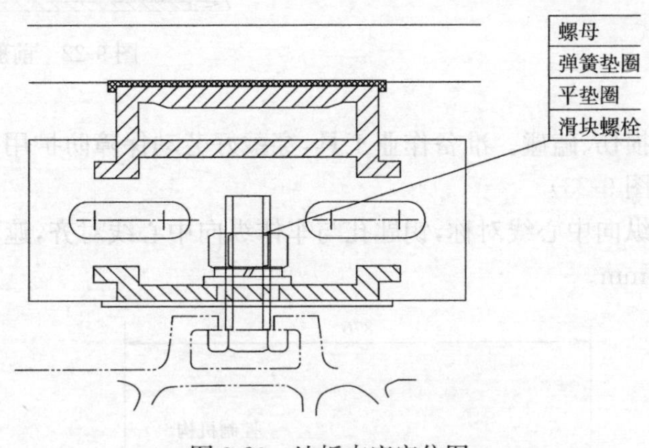

图 9-20　地板支座定位图

(2)垫条安装

按照要求布置垫条，使用氯丁胶将垫条粘接到车体底面上。

(3)地板安装(图 9-21)

①根据地板上安装孔的位置，现场钻孔、攻丝，使用螺钉 M5×30 从复合地板中心向两侧将之紧固到地板支座上，使用螺钉 M4×12 将地板的两侧紧固到地板支座。

②根据复合隔声地板后边沿上安装孔的位置，现场在客室地板上钻 $\phi 4.9^{+0.1}_{0}$ mm 孔，使用抽芯铆钉将司机室地板铆接到客室地板上。

③地板安装后平面度 2 m 范围内不大于 2 mm，两块地板的高度差不大于 0.5 mm。地板要安装牢固，地板上的所有紧固件不得高出地板的上面板。

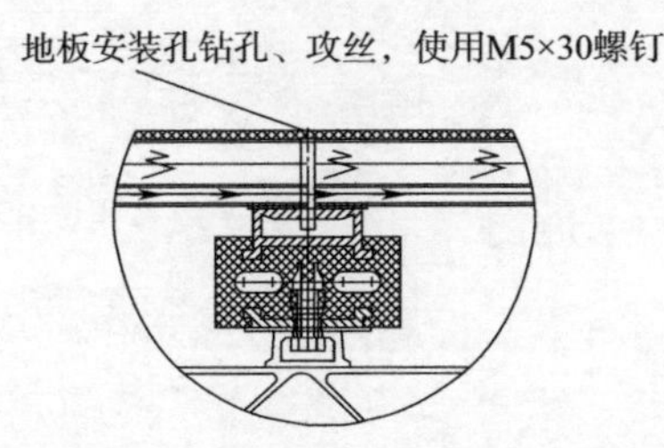

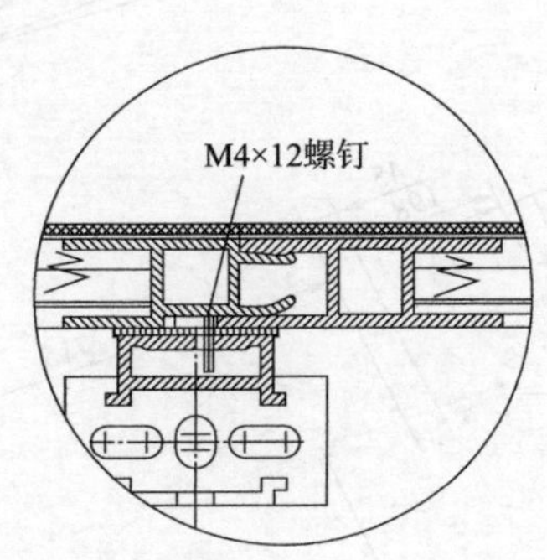

图 9-21　地板安装图

(4)前舱地板安装(图 9-22)

根据地板上表面安装孔的位置，现场钻孔、攻丝，使用螺钉 M5×35 将地板紧固到车体底架上，根据地板四周边沿安装孔的位置，现场在搭接的地板上配 $\phi 4.9^{+0.1}_{0}$ mm 孔，使用抽芯铆钉将相邻的两块地板连接到一起。

(5)打胶密封

前舱地板接缝处及与线槽、管槽之间的缝隙使用波士胶密封(要求打胶均匀、充实，胶面光

滑、美观、无气泡）

(6)安装完毕

清理现场垃圾，按照定置管理要求，将工具、工装放置到指定地点。

φ4.9 mm铆钉

图 9-22　前舱地板安装图

2. 司机室遮阳帘

(1)安装前准备

检查物料外观无损伤、磕碰。准备作业工具，穿戴好劳动保障防护用品。

(2)安装遮阳帘(图 9-23)

①遮阳帘距车体纵向中心线对称，钥匙孔与车体纵向中心线对齐，遮阳帘卷轴下表面距离地板布面(1 930±2) mm。

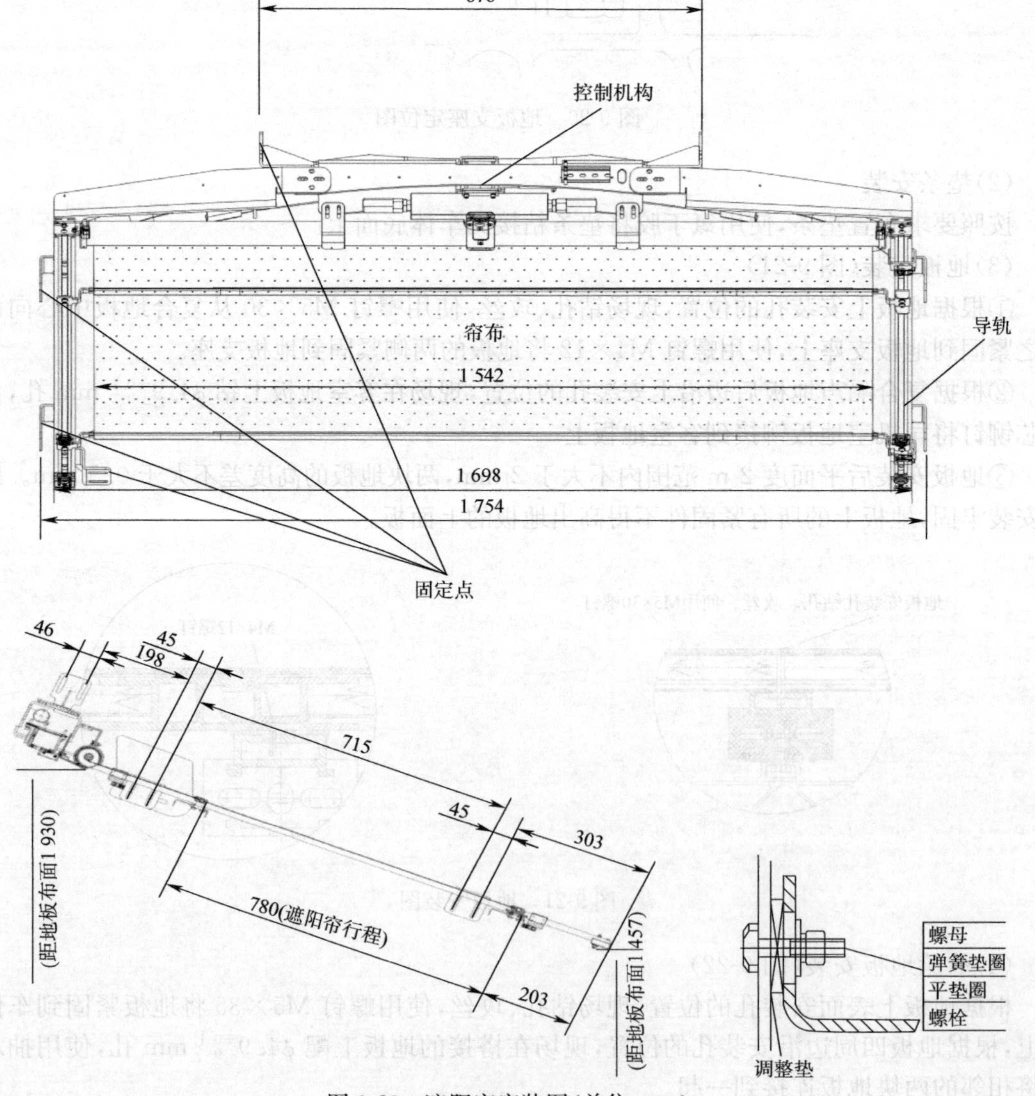

图 9-23　遮阳帘安装图(单位：mm)

②驱动单元应尽量保证后端面与骨架平行，导轨外侧宽 1 698 mm，最低点距地板布面 1 457 mm。使用紧固件将遮阳帘紧固到车体支架上，螺栓紧固扭矩 20 N·m，打防松标记。

(3)安装完毕

清理现场垃圾，按照定置管理要求，将工具、工装放置到指定地点。

3.司机室隔声罩

(1)安装前准备

检查物料外观无损伤、磕碰。准备作业工具，穿戴好劳动保障防护用品。

(2)隔声罩安装(图 9-24)

①使用螺钉将隔声角铝紧固到车体上，使用螺钉将隔声罩紧固到车体安装座、安装梁和隔声角铝上。

②相邻隔声罩间拉铆固定，铆钉间的参考距离为 300 mm 左右，要求铆钉分布均匀，铆钉位置尽量靠近重叠区域的中心线上。

③隔声罩安装牢固，运行过程中不得有异常声响。

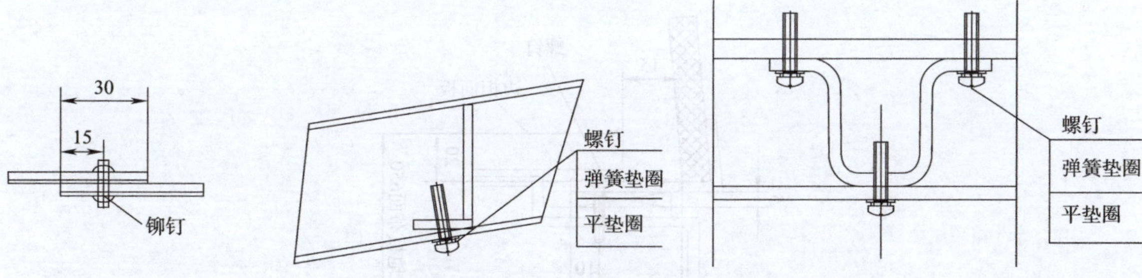

图 9-24　隔声罩紧固图(单位:mm)

(3)安装完毕

清理现场垃圾，按照定置管理要求，将工具、工装放置到指定地点。

4.司机室墙板顶板(图 9-25)

(1)安装前准备

检查物料外观无损伤、磕碰。准备作业工具，穿戴好劳动保障防护用品。

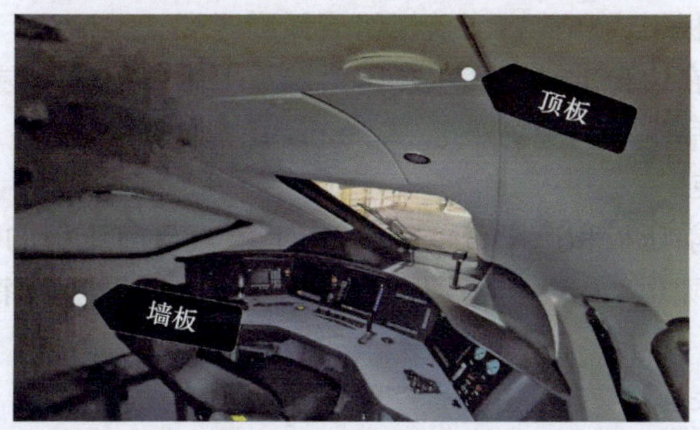

图 9-25　司机室墙板顶板

(2)骨架安装

车顶骨架组成底面距地板布面(2 000±2) mm，左右居车体纵向中心线对称布置，车长方向紧贴车体顶部支架前面安装。

(3)左右侧墙板组成安装(图 9-26)

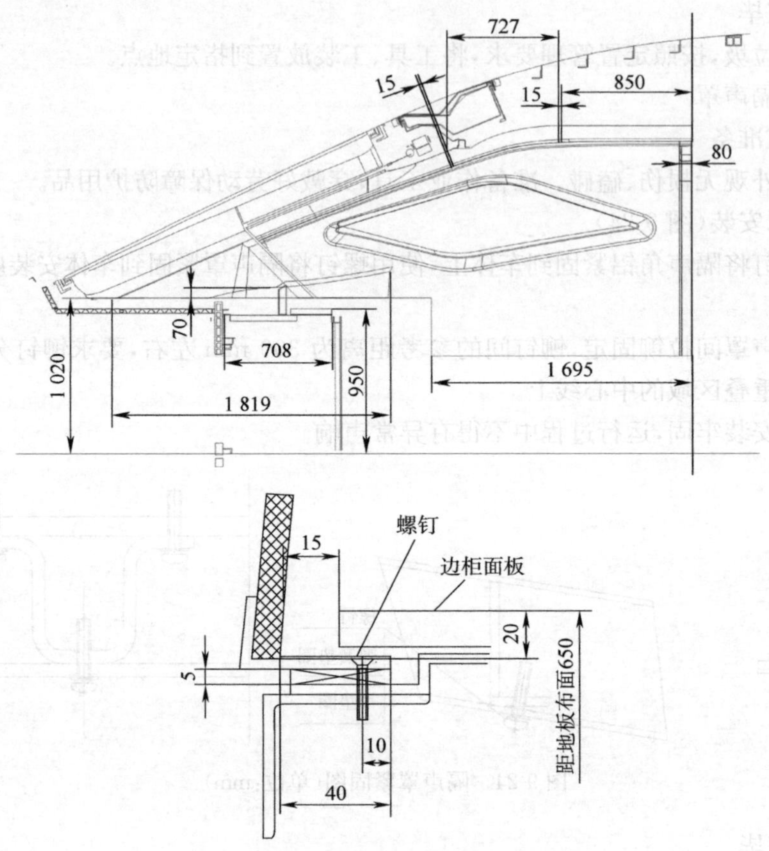

图 9-26　左右侧墙板组成安装图(单位:mm)

①左右墙板安装,要求安装时满足尺寸,左右对称,不得与侧窗玻璃接触,必须留有一定的间隙(间隙参考值为 10 mm),以免造成玻璃的损坏。

②墙板侧窗玻璃处玻璃露出的黑边均匀。

③墙板前沿与前压板组成和前窗下盖板组成弧度匹配。

④墙板下翻边紧固在边柜上,紧固完成后,沿墙板下翻边粘贴一层装饰胶条。

⑤侧墙板与司机室后端墙间隙为(15±2) mm,上下均匀。

(4)上压板组成安装

上压板组成侧面与前压板和遮阳帘罩板平齐,上压板与前压板的间隙为(15±2) mm,上压板与遮阳帘罩板的缝隙(22±2) mm。保证上压板组成不与遮阳帘剐蹭,用 M4×20 螺钉固定。

(5)平顶板组成安装

①顶板角铝安装(图 9-27)。根据平顶板组成的位置将角铝固定在后端墙上部,角铝的下表面距顶板下表面 18 mm,在角铝的下边沿横跨车宽粘贴一道挡缝泡棉 10 mm×20 mm×2 000 mm,使用螺钉涂螺纹紧固剂后固定牢固。

②平顶板组成居车体纵向中心线对称。

③将顶板两侧及后部用螺钉固定。

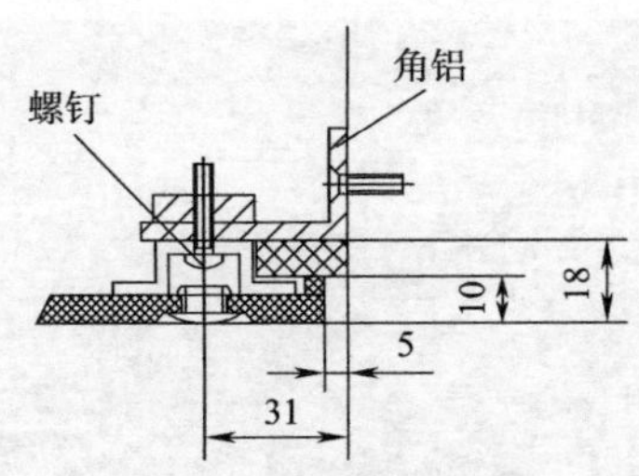

图 9-27　安装角铝图(单位:mm)

(6)装饰立柱组成安装(图 9-28)

装饰立柱外侧距墙板 70 mm,内侧与墙板间隙均匀 1～2 mm,后部与司机室后端墙间隙均匀 2 mm。使用螺钉 M4×20 将装饰立柱组成紧固到立罩安装座,与司机室后端墙之间使用尼龙搭扣粘接。

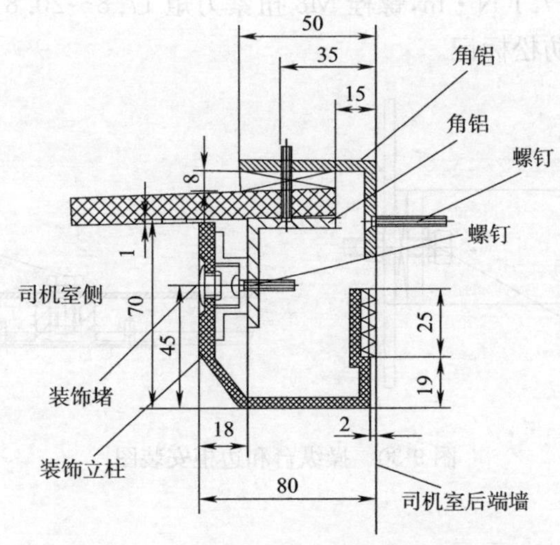

图 9-28　装饰立柱组成安装图(单位:mm)

(7)安装完毕

清理现场垃圾,按照定置管理要求,将工具、工装放置到指定地点。

5. 司机室操控台及边柜

(1)安装前准备

检查物料外观无损伤、磕碰。准备作业工具,穿戴好劳动保障防护用品。

(2)操纵台及边柜安装

操纵台及边柜如图 9-29 所示。

①将操纵台拆解,依次抬入司机室内,恢复操纵台。

②横向:操纵台居车中心线对称。

③纵向:操纵台左右下柜体的底部紧固点距操纵台骨架最近距离为 33 mm,底部紧贴地板布面;司机室右前柜与左前柜及司机室右后柜与左后柜沿中心线对称布置。参考图纸定位

各紧固点的位置。要求前柜与操纵台、前柜与后柜、后柜与间壁的间隙均匀为 5～10 mm。操控台及边柜紧固，如图 9-30 所示。

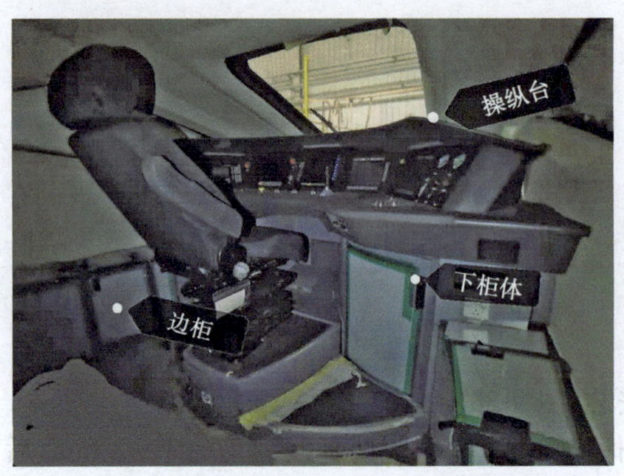

图 9-29　操纵台及边柜定位图

④螺栓 M6 扭紧力矩 7.1 N·m，螺栓 M8 扭紧力矩 17.8～20.8 N·m，螺栓 M10 扭紧力矩 36.2～42.3 N·m，画防松标记。

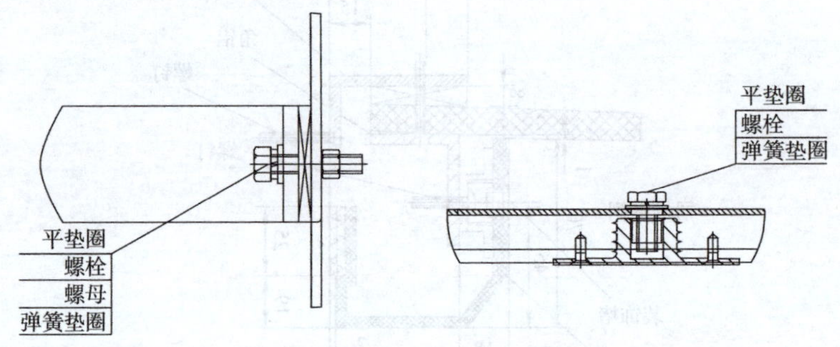

图 9-30　操纵台和边柜安装图

(3)安装完毕

清理现场垃圾，按照定置管理要求，将工具、工装放置到指定地点。

6. 司机室间壁及后端门

(1)安装前准备

检查物料外观无损伤、磕碰。准备作业工具，穿戴好劳动保障防护用品。

(2)间壁组成安装

间壁组成定位如图 9-31 所示。

①间壁定位：左右间壁组成沿车体中心线对称布置，通道间距 642^{+1}_{+2} mm，纵向距侧拉门钢口(2 786±3) mm，竖直方向垂直于地板与侧墙，下边沿距地板布 10 mm。

②下部紧固：安装梁两侧与间壁平齐，通道侧距车体中心线 400^{+2}_{0} mm。根据安装梁的位置，现场在地板布上划线、钻孔、攻 M4 的螺纹孔，使用紧固件将安装梁紧固到地板上。根据间壁底部安装孔和安装梁安装孔的位置，现场在安装梁和间壁上配 M4 的螺纹孔，使用紧固件将安装梁和间壁紧固到一起，如图 9-32 所示。

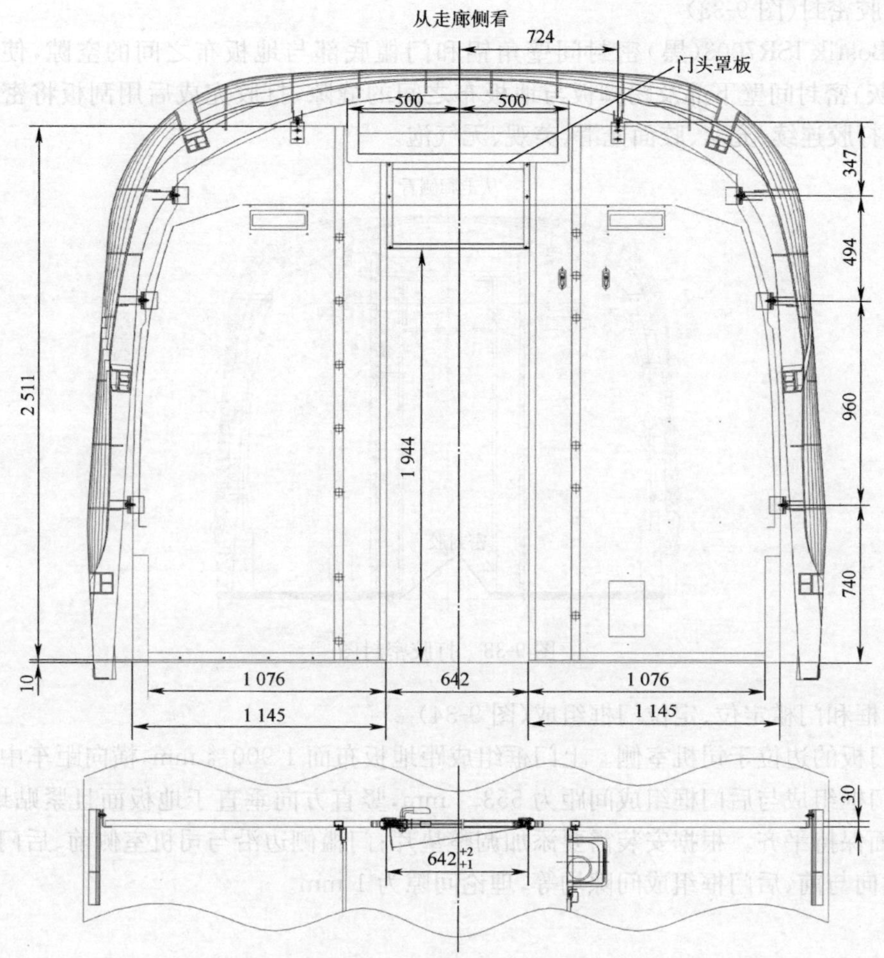

图 9-31　间壁组成定位图(单位:mm)

③侧边紧固:使用紧固件将间壁的侧面支架与车体侧面滑槽连接。

④上部紧固:使用紧固件将间壁的上部支架与车体顶部滑槽连接;现场根据安装需要添加调整垫片。M6 螺栓扭力值 7.1 N·m,画防松标记。

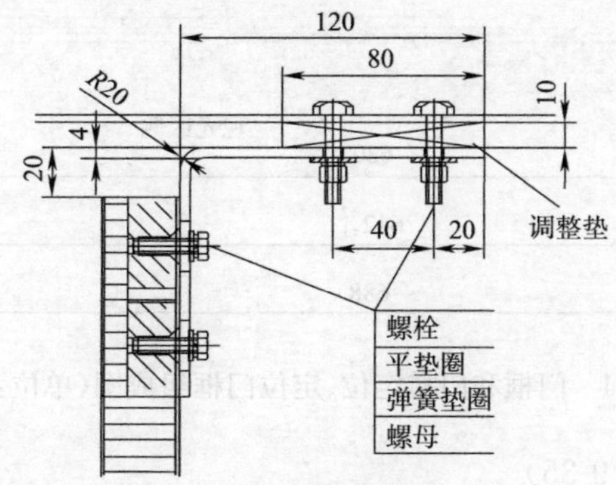

图 9-32　间壁紧固图(单位:mm)

(3)打胶密封(图 9-33)

使用 Bostik ISR7003(黑)密封间壁角铝和门槛底部与地板布之间的空隙,使用 Bostik ISR7003(灰)密封间壁下部及踢脚板与地板布之间的缝隙,打胶完成后用刮板将密封胶表面刮平,要求打胶连续、充实、胶面光滑、美观、无气泡。

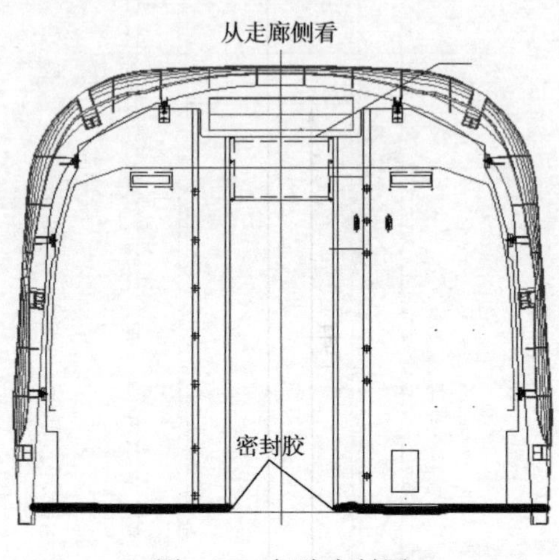

图 9-33 打胶密封图

(4)门框和门槛定位、定位门框组成(图 9-34)

搭接门板的边位于司机室侧。上门框组成距地板布面 1 900^{+2}_{0} mm,横向距车中心线对称布置。前门框组成与后门框组成间距为 553^{0}_{-1} mm,竖直方向垂直于地板面且紧贴地板安装,三者的侧面保持平齐。根据安装需要添加调整垫片;门槛侧边沿与司机室侧前、后门框组成侧面平齐,横向与前、后门框组成间隙均等,理论间隙为 1 mm。

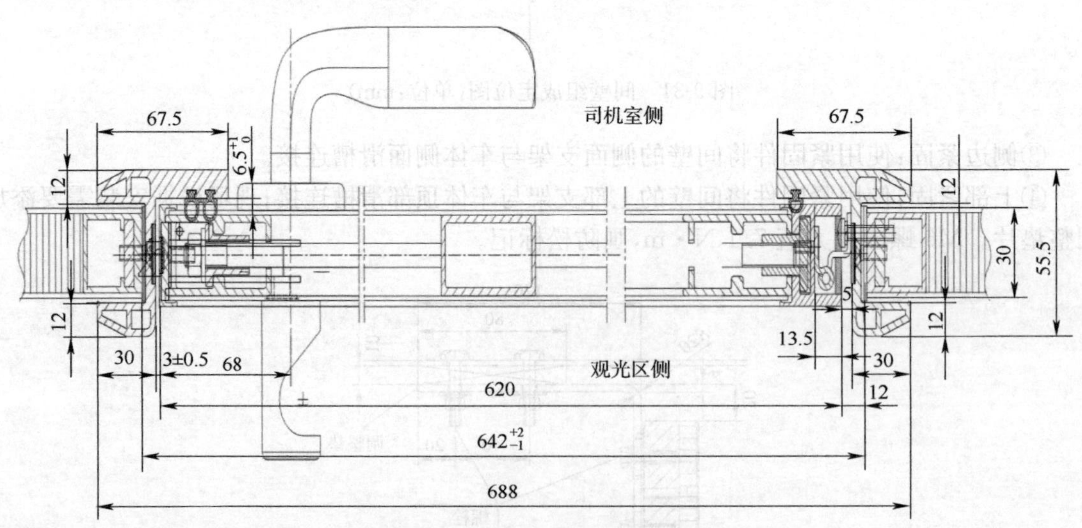

图 9-34 门框和门槛定位、定位门框组成图(单位:mm)

(5)门框和门槛安装(图 9-35)

①根据门框组成上安装孔的位置,在间壁上钻孔 ϕ4.2 mm、攻丝 M5,使用螺钉 M5×16 将门框组成紧固到间壁上。

②撕除盖条背面的背胶，将盖条分别粘贴到对应的门框组成上。要求盖条粘贴牢固、平直。

③根据门槛上安装孔的位置，现场在地板上钻孔 $\phi4.2^{+0.1}_{0}$ mm、攻 M5 螺纹孔，使用螺钉将其紧固到地板上。

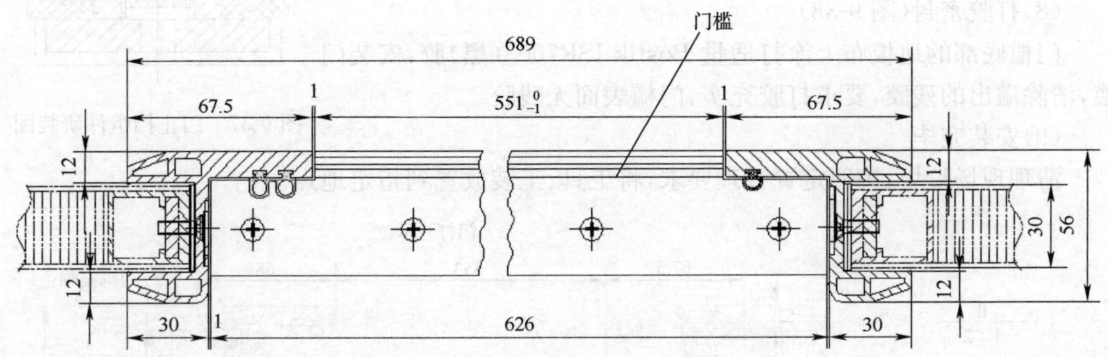

图 9-35　门框和门槛安装图(单位:mm)

(6)门板组成安装(图 9-36)

①高度方向:门板下边沿距木地板面 14 mm，与门槛的间隙为(5±1) mm，与上门框组件的间隙为(3±1) mm；横向:与前门框组件的间隙 2～3 mm，与后门框组件的间隙(5±1) mm；车长方向:紧贴门框组件，与门框组件伸出翻边的间隙 2～3 mm。

②根据门板上铰链安装孔的位置定位，现场在后门框组件上划线、钻孔 $\phi4.2$ mm、攻 M5 螺纹孔，使用螺钉安装紧固门板组成。

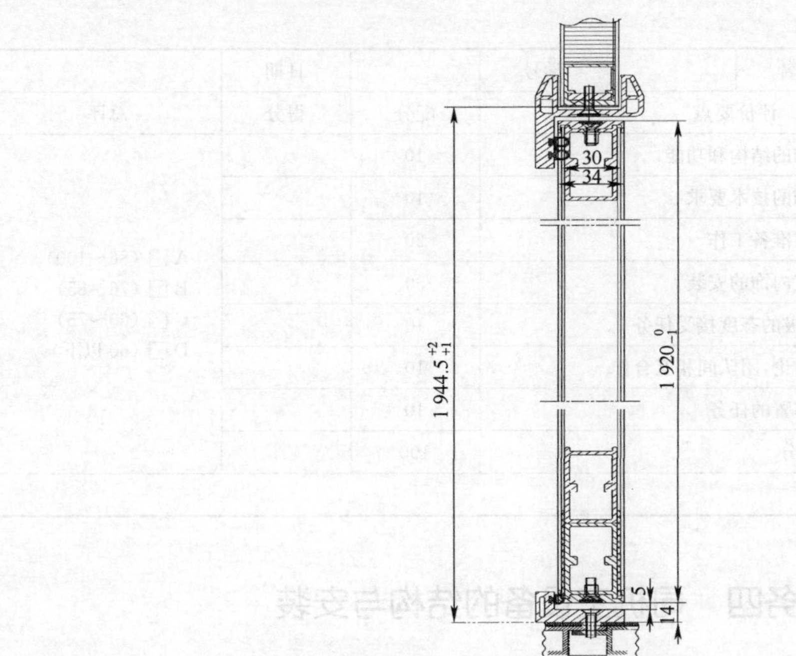

图 9-36　门板组成安装图(单位:mm)

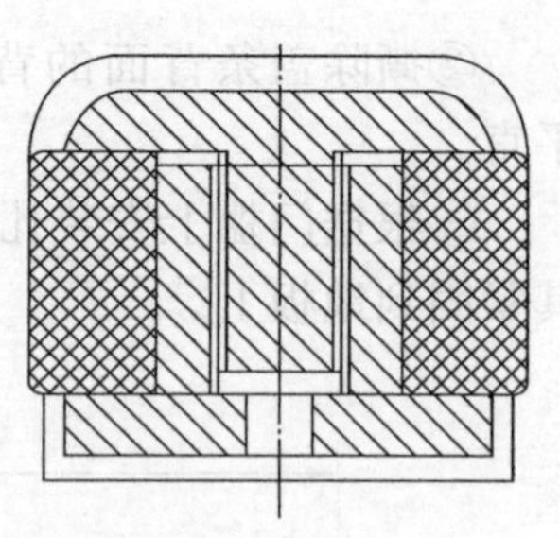

图 9-37　门止挡组件研装图

(7)门止挡组件研装(图 9-37)

门止挡组件现车研装,保证门把手不与间壁等部件相抗。现场在地板上划线、钻孔 $\phi 4.2^{+0.1}_{0}$ mm、攻 M5 螺纹孔,使用紧固件木螺钉 5×30(镀铬)将之紧固到地板上。

(8)打胶密封(图 9-38)

门槛底部的地板布上涂打适量 Bostik ISR7003(黑)胶,安装门槛,清除溢出的残胶,要求打胶充实、门槛表面无残胶。

(9)安装完毕

清理现场垃圾,按照定置管理要求,将工具、工装放置到指定地点。

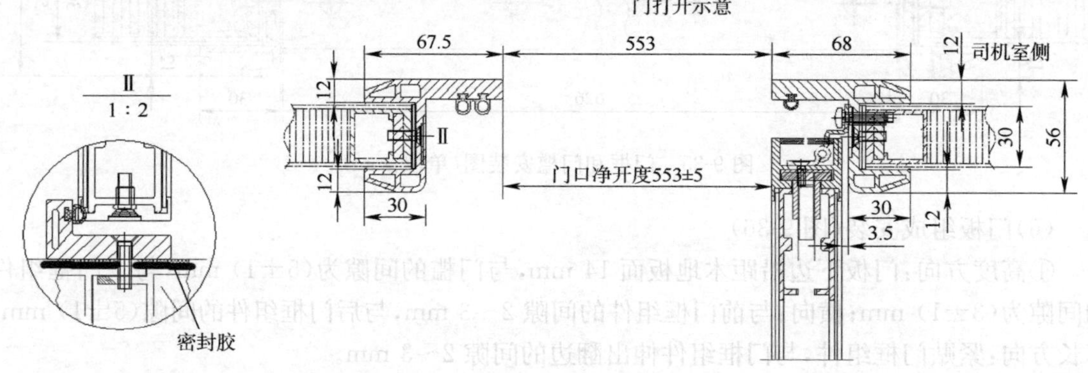

图 9-38　打胶密封图(单位:mm)

任务评价

班级		姓名		学号		日期	
序号	评价要点			配分	得分	总评	
1	能说出司机室内饰的结构和功能			10		A □ (86～100) B □ (76～85) C □ (60～75) D □ (60 以下)	
2	能说出司机室内饰的技术要求			10			
3	能正确完成安装前准备工作			20			
4	能正确进行司机室内饰的安装			30			
5	能遵守纪律、以积极的态度接受任务			10			
6	能积极参与小组讨论,团队间相互合作			10			
7	能及时完成老师布置的任务			10			
总分				100			
小组建议							

任务四　司机室设备的结构与安装

任务描述

司机室座椅及工具箱是为了帮助司机更好的驾驶及应急处理。本任务内容是介绍司机室座椅和车窗的结构，通过本任务的学习，熟悉司机室座椅的组成、特点及功能和车窗的结构，了解司机室设备的技术要求，掌握动车组设备的安装方法与步骤。

知识链接

一、时速 160 公里动力集中动车组司机室设备的结构

1. 司机座椅(图 9-39)

司机座椅按人机工程学设计，具有高度调整、前后移动左右旋转、头枕高度调节及减振和腰撑等功能。

司机室底架上预先焊接 C 形槽，座椅安装座通过螺栓固定在 C 形槽上，座椅通过螺栓穿过司机室地板固定在底架安装座上。

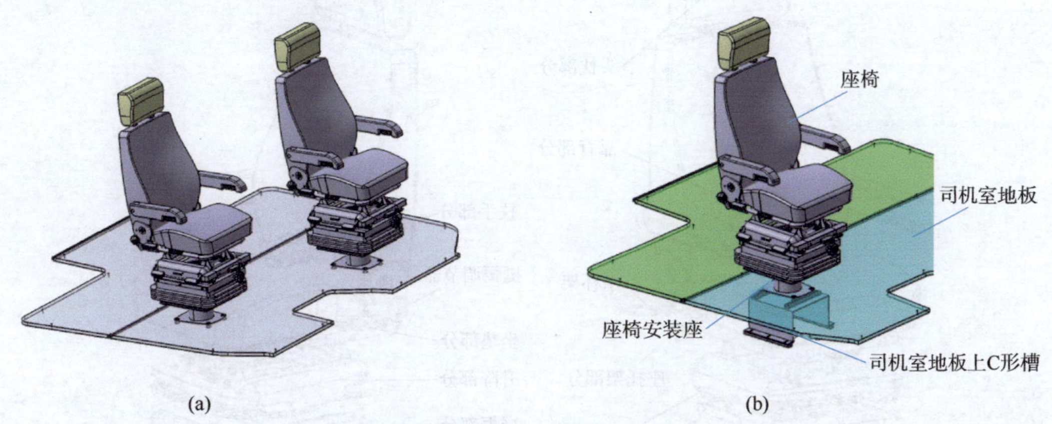

图 9-39　时速 160 公里动力集中动车组司机座椅

2. 司机室车窗

司机室固定侧窗为中空玻璃，外片为夹层玻璃，内片为单片物理钢化玻璃，总厚度(17.76±0.8) mm，结构为夹层玻璃(4 mm 灰色玻璃＋0.76 mm PVB 夹层＋3 mm 透明玻璃)＋6 mm 中空层＋4 mm 内片透明钢化玻璃。侧窗玻璃的透光率不小于 42%。

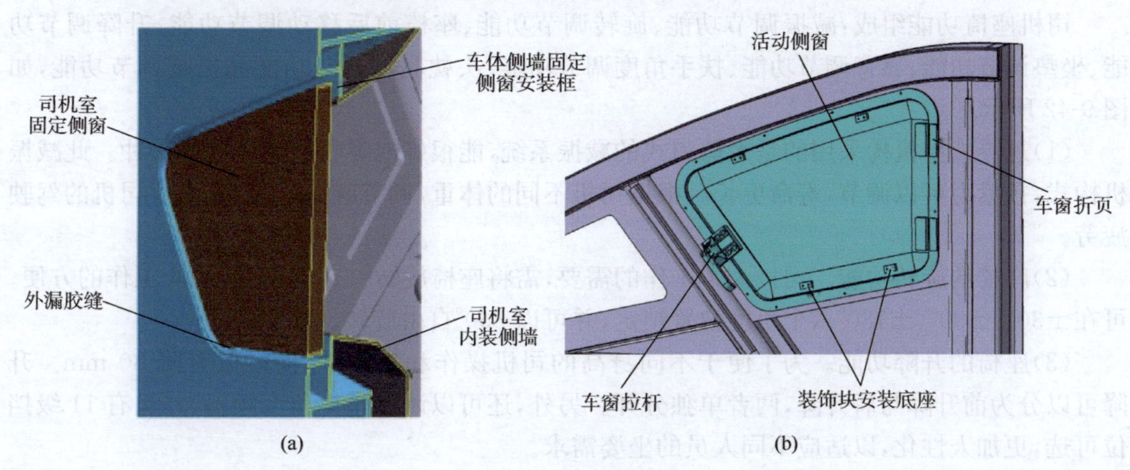

图 9-40　司机室车窗

司机室活动侧窗左(右)窗框材料为铝合金,活动侧窗的可视面积不小于 380 mm×500 mm。活动侧窗打开后的通过面积不小于 430 mm×500 mm,侧窗打开角度为 90°。

二、时速 250 公里“复兴号”动车组司机室设备的结构

1. 司机座椅

司机座椅具有较好的舒适性,高度、前后、靠背角度、扶手角度、头枕高度、水平旋转均可调节。配备腰撑调节机构、水杯支架、电话袋。

司机座椅由底座部分、减振部分、旋转部分、升降部分、座托架部分、坐垫部分、靠背部分、扶手部分、头枕部分组成,并配有挺腰调节器和水杯架,如图 9-41 所示。

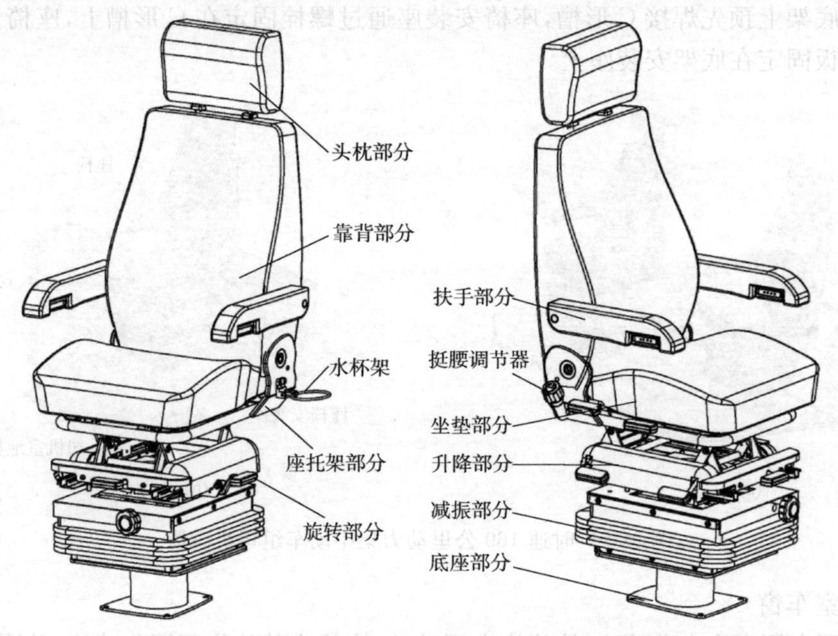

图 9-41　时速 250 公里“复兴号”动车组司机座椅

2. 司机座椅各部件功能简介

司机座椅功能组成:减振调节功能、旋转调节功能、座椅前后移动调节功能、升降调节功能、坐垫调节功能、靠背调节功能、扶手角度调节功能、头枕高度调节功能和挺腰调节功能,如图 9-42 所示。

(1)悬浮减振机构采用的是大剪刀式的减振系统,能很好地吸收悬浮传递的缓冲。此减振机构式,预紧力可以调节,寿命更长。根据司机不同的体重,调节减振强度,减小了司机的驾驶疲劳。

(2)座椅的旋转功能。司机为了工作的需要,需将座椅旋转一定的角度,适应工作的方便。可在±30°、±90°、±180°六个角度位置锁定,并可以 360°自由旋转。

(3)座椅的升降功能。为了便于不同身高的司机操作和工作,座椅可以升降 80 mm。升降可以分为前升降与后升降,两者单独分开。另外,还可以调节座垫角度倾斜,并且有 11 级挡位可选,更加人性化,以适应不同人员的坐姿需求。

(4)座椅前后移动功能。座椅设计了滑轨,可以在 240 mm 范围内前后移动,并在任意位置锁定,以满足人机工程的最佳需求。

(5)坐垫深度调节功能。坐垫部分设计了滑轨,可向前调节 75 mm。

(6)座椅靠背的角度调节功能。座椅靠背可在 80°～170°范围内任意角度转动锁定。

(7)座椅扶手能够快速折起来至 100°,可无级调节 45°。扶手长度为 370 mm,宽度为 55 m,扶手的承重为 180 kg。

(8)座椅头枕宽为 300 mm,高为 200 mm。头枕还可以向上调节 140 mm。

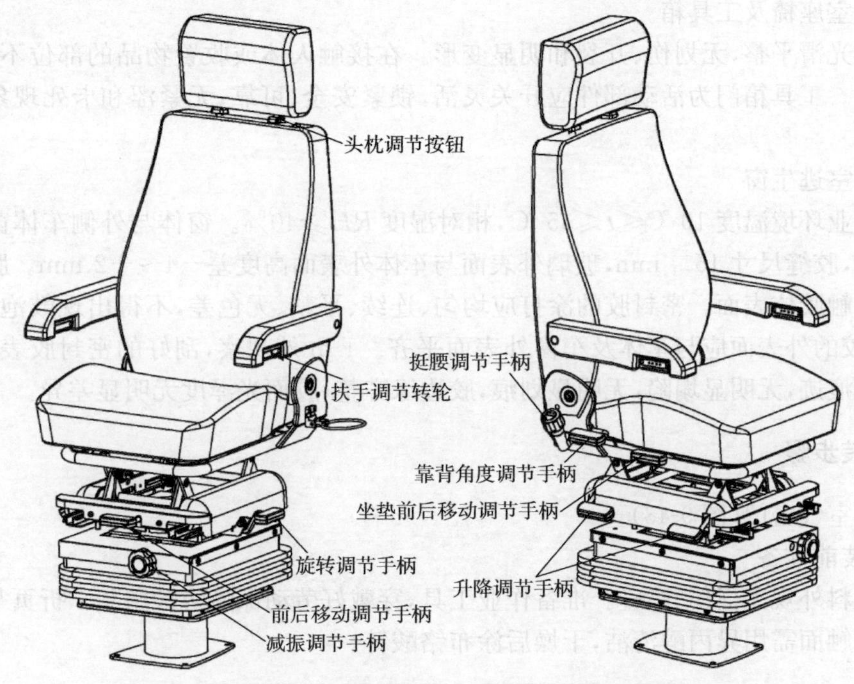

图 9-42 时速 250 公里“复兴号”动车组司机座椅功能简图

3. 座椅各部件关键项点

(1)底座部分:为碳钢结构,支撑座椅和连接机车,强度高。

(2)减振旋转部分:减振功能可以很好地吸收悬浮传递的振动,给司机提供舒适性;旋转功能可以方便司机调节到需要的位置。

(3)升降架部分:可以实现座垫与司机台的高度调节,适应不同身高的司机,以便更好地瞭望。

(4)座椅前后移动部分:可以调节座椅与司机台的远近,适应司机操作各种控制按钮。

任务实施

以时速 250 公里“复兴号”动车组为例。

一、技术要求

1. 司机室气密门

各门开度为－5 mm,门框橡胶安装要垂直。内部折页门安装后,门关闭状态下,门板与周边平行；锁舌与锁口板配合良好，松紧适度，避免门体晃动，产生响声；保证开关门力度适当，无卡死或不起作用的现象。

2. 司机室空调风道

安装各部位要达到平整、牢固，无缺材现象，相互之间要严密不得有闪缝、漏缝。软风道比照现车连接长度适当裁剪，软风道需要用扎带适当固定在线架上。另外，安装软风道时应插入保护橡胶，软风道每 500 mm 进行捆扎，可根据现车情况适当增加扎带，软风道可适当挤压，不可影响通风面积。

3. 司机室座椅及工具箱

外观应光滑平整，无划伤、开裂和明显变形。在接触人体或收置物品的部位不应有毛刺、刃口或尖角。工具箱门为活动部件应开关灵活，锁紧安全、可靠，无紧涩和卡死现象。安装牢固可靠。

4. 司机室逃生窗

确认作业环境温度 10 ℃$\leqslant t \leqslant$35 ℃，相对湿度 $RH \geqslant 40\%$。窗体与外侧车体窗口上下左右缝隙均匀，胶缝尺寸 15^{+4}_{-1} mm，玻璃外表面与车体外表面高度差−4～+2 mm。胶表干前不得用异物碰触胶体表面。密封胶的涂打应均匀、连续、平整、无色差，不得出现鼓泡，褶皱以及流缀，密封胶的外表面应与车体及车窗外表面平齐。1 m 外观察，刮好的密封胶表面无气泡，无刮板收尾痕迹，无明显塌陷，无明显划痕，胶边缘齐整，胶面光泽度无明显差异。

二、安装步骤

1. 司机室气密门(图 9-43)

(1)安装前准备

检查物料外观无损伤、磕碰。准备作业工具，穿戴好劳动保障防护用品。折页与铝合金车体安装的接触面需用异丙醇清洁，干燥后涂布铬酸锌。

图 9-43　司机室气密门

(2)安装外门框(图 9-44)

在螺钉上涂抹螺纹锁固剂乐泰胶 243,使用螺钉将外门框紧固到气密墙上,每个门框用 2 个螺钉预固定。要求外门框与车体、外门框接缝处、螺钉固定处及所有钻孔位置均需涂打密封胶进行密封。

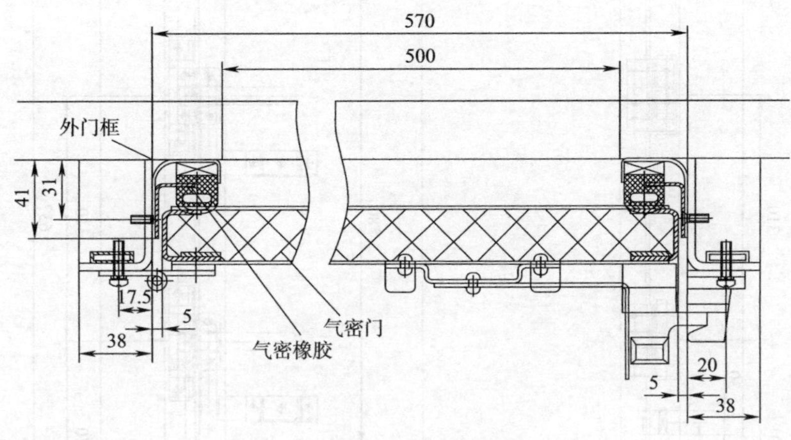

图 9-44　安装外门框图(单位:mm)

(3)安装气密橡胶

先在外门框上整体粘贴 6 mm 厚调整垫板,再将气密胶条粘贴在调整垫上。要求气密胶条安装平整,与门板接触均匀,密封良好。

(4)内门框安装

将内门框插入气密橡胶侧面的开口槽内,待所有门框定位后,现车钻孔攻丝,用沉头螺钉固定,固定时周圈涂打密封胶,保证密封。

(5)气密门安装(图 9-45)

①定位门板的位置,门板上下与车体缝隙均等为(7±1) mm,左右与车体缝隙均等(5±1) mm;门板用两个折页固定在钢结构车体上,固定门板的位置,展开门板上的折页铰链,在车体上标记折页安装孔的位置。

②现场钻孔,使用 M5×20 的螺钉预固定,固定螺钉必须固定在补强上。

③调整门板的位置,保证门板与门框的间隙,调试门板的动作,观察开关门是否顺畅,检查门板与气密胶条的压紧状态。螺钉涂抹螺纹锁固剂乐泰胶 243。

(6)安装完毕

清理现场垃圾,按照定置管理要求,将工具、工装放置到指定地点。

2. 司机室座椅及工具箱

(1)安装前准备

检查物料外观无损伤、磕碰。准备作业工具,穿戴好劳动保障防护用品。

(2)工具箱定位(图 9-46)

工具箱沿车体纵向中心线对称布置,与操纵台踏板间隙不大于 18 mm,缝隙均匀度不大于 2 mm,缝隙处填充黑色泡棉。竖直方向垂直地板面,且紧贴地板布面放置;将工具箱两侧压条和盖板取下,待完成安装后再恢复。根据工具箱上安装孔的位置,现场划线定位、钻孔、攻丝。

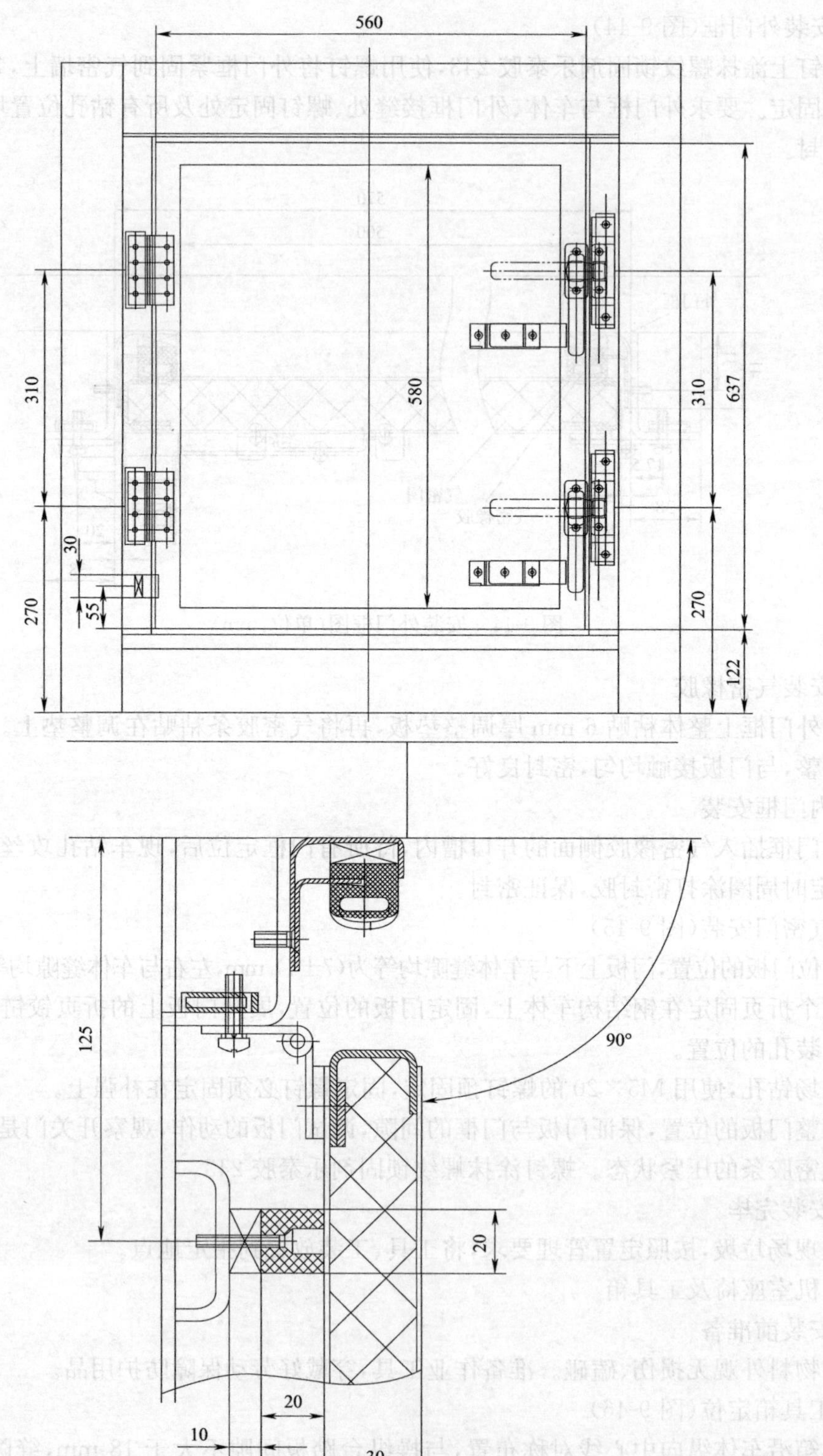

图 9-45　气密门安装图(单位:mm)

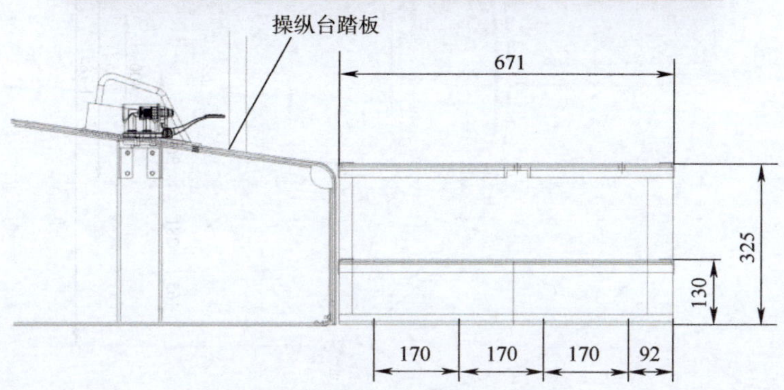

图 9-46　工具箱定位图(单位:mm)

(3)紧固与密封

在工具箱外侧与地板布的缝隙和螺钉孔涂抹适量密封胶,保证水不能通过螺钉孔进入地板中。使用紧固件将工具箱的紧固到地板上。M6 的螺栓扭力值 7.1 N·m,画防松标记。

(4)门碰橡胶安装

根据图 9-47 所示位置,在工具箱上钻孔、攻丝,安装门碰橡胶,使用螺钉 M4×25 紧固。

(5)司机室座椅安装(图 9-48)

司机室座椅安装是在工具箱安装完成后进行。将司机室座椅眼孔与工具箱上的安装眼孔对正,使用紧固件将司机室座椅紧固好。施加扭力 40 N·m 并涂打防松标记。将司机室座椅套组成安装到座椅上。

(6)安装完毕

清理现场垃圾,按照定置管理要求,将工具、工装放置到指定地点。

3. 司机室逃生窗(图 9-49)

(1)安装前准备

钳工 EAB 资质人员穿戴好橡胶手套、防护口罩、劳保鞋等劳保用品。

①确认工作场地温湿度 10 ℃$\leqslant t \leqslant$35 ℃,相对湿度 $RH \geqslant 40\%$。确认车体及车窗已同温 8 h 以上,胶黏剂同温 24 h 以上。确认化学品(清洁剂、活化剂、底涂、胶黏剂、修复剂等)在有效期内。

②准备相应 MSDS(材料安全数据表)。记录场地温湿度,车体、车窗、胶黏剂同温时间,清洁剂、活化剂、底涂、胶黏剂的批次号和有效期。

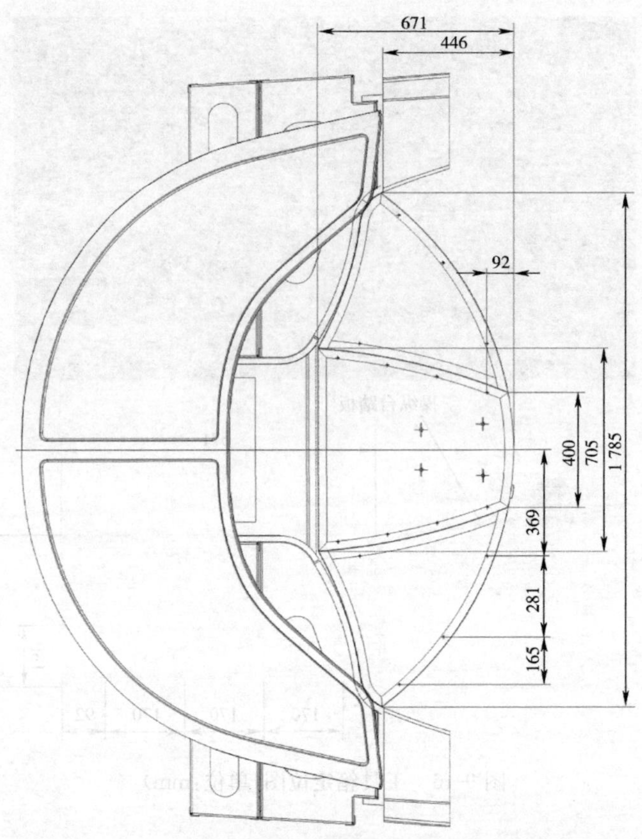

图 9-47　门碰橡胶安装图(单位:mm)

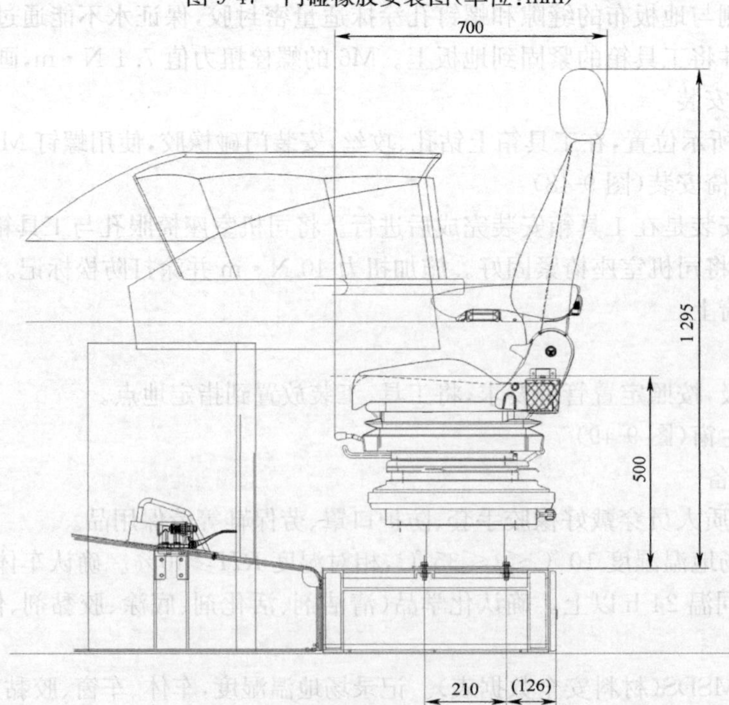

图 9-48　司机室座椅安装图(单位:mm)

③根据玻璃外观检查标准检查玻璃外观。

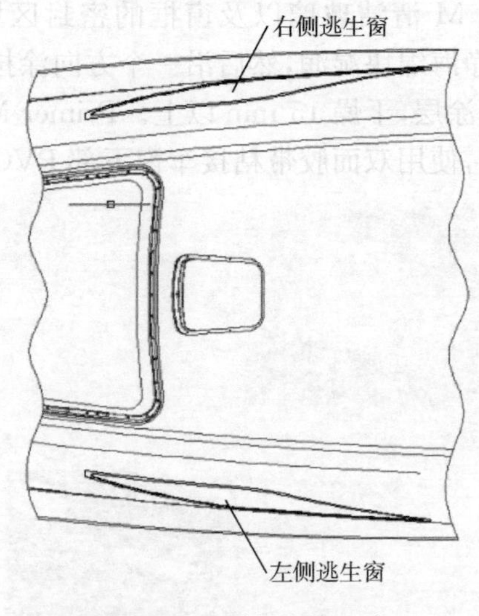

图 9-49　司机室逃生窗

(2)研装(图 9-50)

①窗体与外侧车体窗口上下左右缝隙均匀，胶缝尺寸 15^{+4}_{-1} mm，玻璃外表面与车体外表面高度差－4～＋2 mm。

②使用 PVC 衬垫调整车窗高度，车体窗框和车窗外板之间的橡胶垫厚度不低于 1 mm。针对压板与车体滑槽间的铝衬垫和 PVC 衬垫进行调整，可使用直铝调整垫与楔形调整垫，但每个压板固定处必须使用 1 mm 厚 PVC 衬垫。

③根据车窗安装位置，使用记号笔标记窗体压板紧固位置后取下车窗。

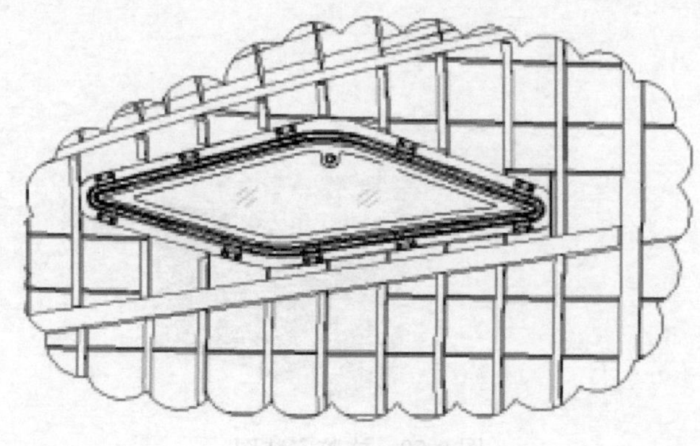

图 9-50　研装图

(3)清洁打磨(图 9-51)

①干净无纺布蘸取异丙醇擦拭待粘接表面，去除灰尘、油脂及其余残留物，干燥 15 min 以上，用计时器计时，并在《产品质量记录表》中记录。

②用砂纸打磨司机室窗框、车窗需要密封区域表面，直到露出金属本色。使用吸尘器及白布清洁车体窗框、车窗四周，不得有污物、油脂。再清洁：使用清洁剂异丙醇擦拭窗框及玻璃待粘接表面，清洁时须沿一个方向擦拭，不得往复擦拭，确保待粘接表面清洁、干燥，无灰尘、油脂

及其他冷凝物，擦拭干净后干燥 15 min，用计时器计时，并在《产品质量记录表》中记录。

③ 清洁活化：使用 Prime M 清洁玻璃以及窗框的密封区域，使表面干净无尘无油污，Prime M 施工的时候，使用干净海绵块湿润，然后沿一个方向涂抹一次，底涂越薄越好，充分覆盖粘接面，不露底，形成饱满的涂层，干燥 15 min 以上。Primer M 使用后立即盖上盖子。

④使用瞬干胶粘贴橡胶垫，使用双面胶带粘接车窗下部 PVC 衬垫。

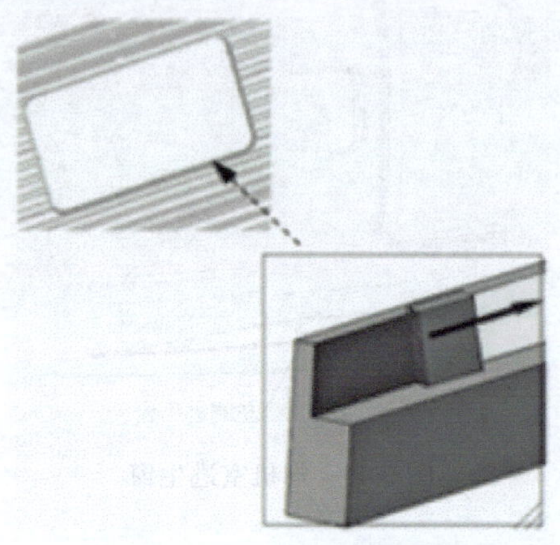

图 9-51　清洁打磨图

(4)施胶安装(图 9-52)

①剪切斜口胶嘴，约 45°角，开孔孔径约 15 mm。使用气动胶枪在密封区域打 Bostik ISR 7003(黑)。胶应挤成三角形，要求胶黏剂充满司机室窗框。

②在胶开放时间内(10 min)安装车窗，调整车窗与司机室窗口缝隙，使上下左右均匀，与研装时位置一致。胶缝尺寸 15^{+4}_{-1} mm，玻璃外表面与车体外表面高度差－4～＋2 mm。

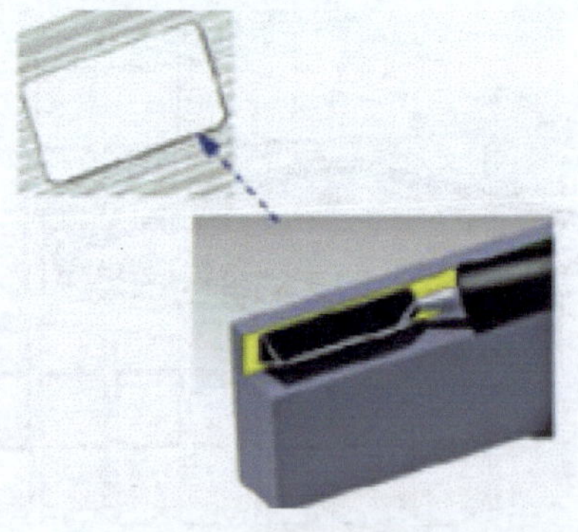

图 9-52　施胶安装图

(5)紧固车窗(图 9-53)

通过特殊螺栓 M6 加螺母、垫圈紧固车窗压板，螺栓紧固前使用乐泰 7070 清洗剂清洁，并涂打乐泰胶 243。螺钉按对称位置紧固，用力应均匀适度，不得导致窗框变形。M6 特殊螺栓的紧固扭力值为 9 N·m，完成后画防松标记。

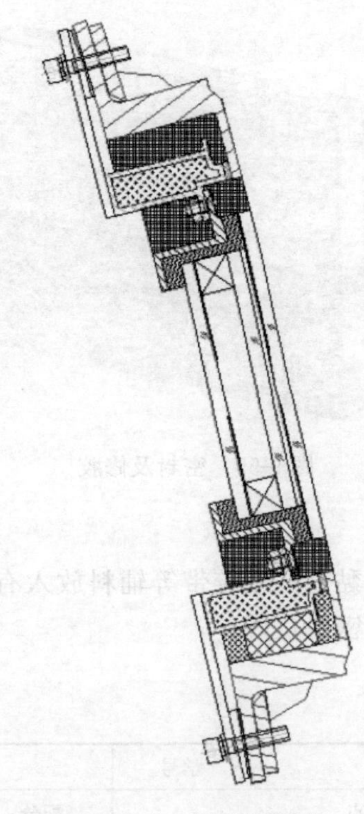

图 9-53　紧固车窗图

(6)打胶密封

车窗安装 48 h 后进行密封胶涂打,如图 9-54 所示。

检查窗框边沿是否有漆雾或异物,若有使用 80 目砂纸打磨平整。再使用异丙醇进行清洁。使用无纺布蘸取 Primer M 清洁司机室逃生窗待密封位置,晾干至少 15 min。使用纸胶带沿侧窗和车体侧墙的缝隙周边进行防护,要求纸胶带粘贴横平竖直,平整、无起皱,无毛边毛刺。

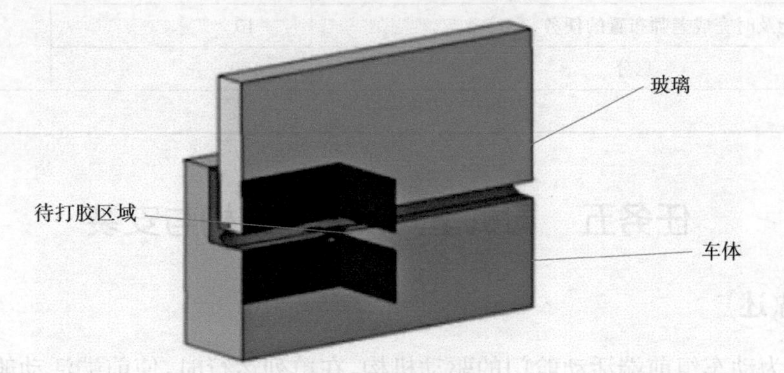

图 9-54　密封胶涂打

(7)密封及修胶(图 9-55)

用胶枪将车外密封黑胶在车辆内外车体与玻璃缝隙处填胶,用刮板将胶刮平,要求密封胶平整美观。密封完成后撕除纸胶带,清理残胶。要求 1 m 外观察,密封胶表面无气泡,平整美观,无刮板收尾痕迹,无明显塌陷,无明显划痕,边缘齐整,胶面光泽度无明显差异。

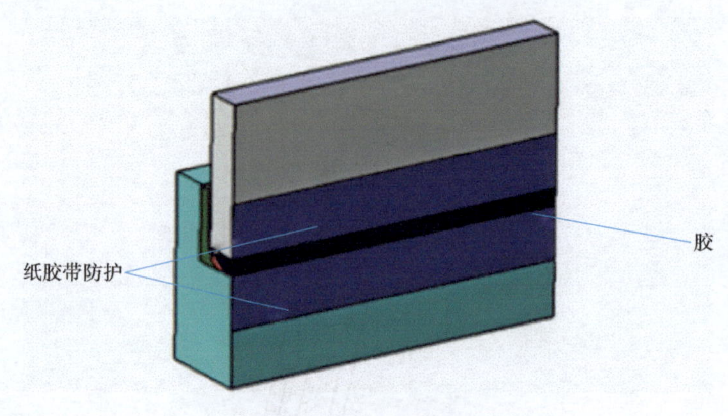

图 9-55 密封及修胶

(8)安装完毕

将使用完毕的胶黏剂、沾染胶黏剂的纸胶带等辅料放入有害工业垃圾桶内,并确认底涂、清洗剂、活化剂等未使用完的物料密封良好。

任务评价

班级		姓名		学号		日期	
序号	评价要点			配分		得分	总评
1	能说出司机室设备的结构和功能			10			A □ (86~100) B □ (76~85) C □ (60~75) D □ (60 以下)
2	能说出司机室设备的技术要求			10			
3	能正确完成安装前准备工作			20			
4	能正确进行司机室设备的安装			30			
5	能遵守纪律、以积极的态度接受任务			10			
6	能积极参与小组讨论,团队间相互合作			10			
7	能及时完成老师布置的任务			10			
总分				100			
小组建议							

任务五　司机室开闭罩的结构与安装

任务描述

开闭装置为动车组前端活动舱门的驱动机构,在单列运行时,使前端活动舱门处于关闭状态,形成完整的列车空气动力学外形,减小风阻和风噪;在需要重联运行时,使前端活动舱门处于开启位置,以便车钩能够完全、无障碍连挂,并能够适应在不同曲线半径上运行时车钩摆角带来的影响。本任务内容是熟悉司机室开闭罩的作用和结构,了解司机室开闭罩的技术要求,掌握司机室开闭罩的安装方法与步骤。

知识链接

一、时速 160 公里动力集中动车组司机室开闭罩的结构

1. 开闭装置

开闭装置(图 9-56)作为动车组前端活动舱门的驱动机构，在单列运行时，使前端活动舱门处于关闭状态，形成完整的列车空气动力学外形，减小风阻和风噪；在需要重联运行时，使前端活动舱门处于开启位置，以便车钩能够完全、无障碍连挂，并能够适应在不同曲线半径上运行时车钩摆角带来的影响。

图 9-56　开闭装置

开闭装置主要由机械系统、电控系统、气动系统、玻璃钢环形头罩等组成。其中机械系统为电控系统、气动系统的承载安装载体，同时也是导流罩和开闭装置的安装接口；电控系统的功能主要是传递驱动开闭装置运动的电信号以及对开闭装置的运行状态进行检测；气动系统为整套机构功能实现的执行部件；玻璃钢环形头罩的功能主要是与司机室进行连接，进而形成完成的空气动力学外形，保护内部车钩等部件。

2. 机械接口

开闭装置的机械安装接口为 16 个 M16 螺栓的安装孔及 2 个 ϕ28 mm 定位销安装孔。通过螺栓固定在钢结构上，如图 9-57 所示。

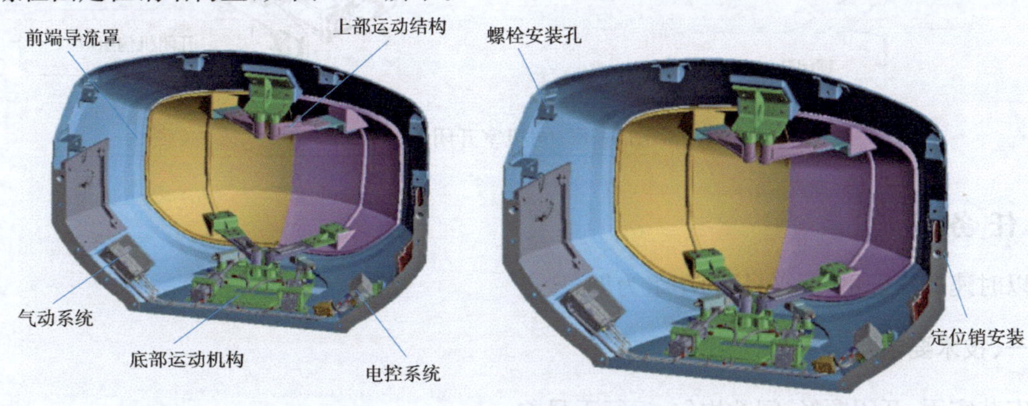

图 9-57　机械接口

二、时速 250 公里“复兴号”动车组司机室开闭罩的结构

时速 250 公里“复兴号”动车组司机室开闭罩由开闭机构、头罩、锁闭装置三大部分组成，如图 9-58 所示。

动车组前端头罩及开闭机构采用流线型曲面造型，头型圆滑过渡，具有良好的空气动力学性能。运行过程中头罩始终关闭且锁闭，头罩缝隙处设有密封胶条，防止叶片、灰尘和冰雪等杂物进入。

动车组正常运行期间，开闭机构由主动气缸及锁闭装置保持开闭状态及锁闭状态。

操作人员可在司机室内操作实现开闭机构的打开与关闭、解锁与锁闭功能，并在开闭机构设有行程开关，实时反馈开闭机构状态。

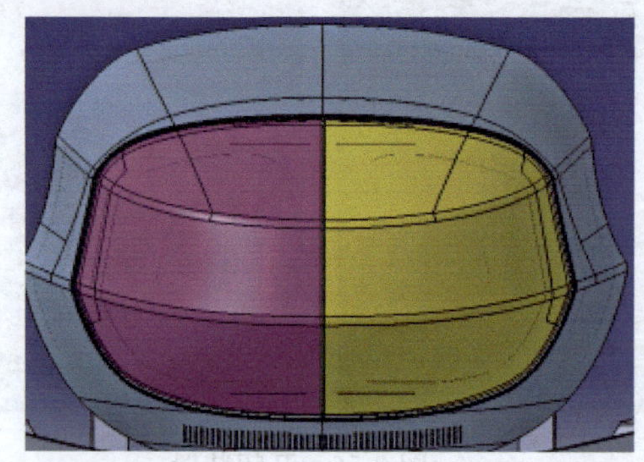

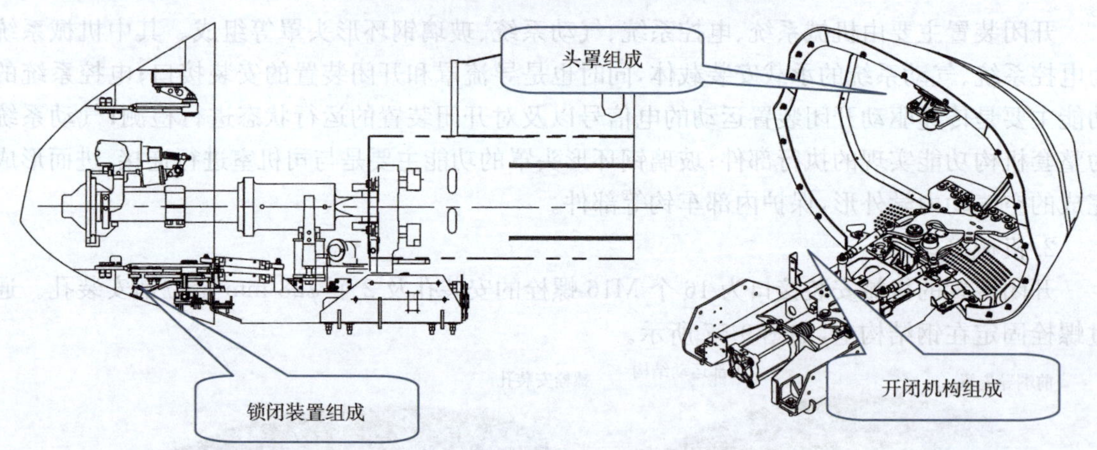

图 9-58　司机室开闭罩

任务实施

以时速 250 公里“复兴号”动车组为例。

一、技术要求

安装牢固，开闭顺畅，间隙均匀，运行无异响。

二、安装步骤

1. 开闭罩研装及安装

(1)安装前检查确认

检查开闭机构(图 9-59)是否有破损的油漆。如果油漆损坏需要补漆;装车前请仔细校验各安装位置的准确性;开闭机构在前端自动车钩缓冲装置安装后进行安装。

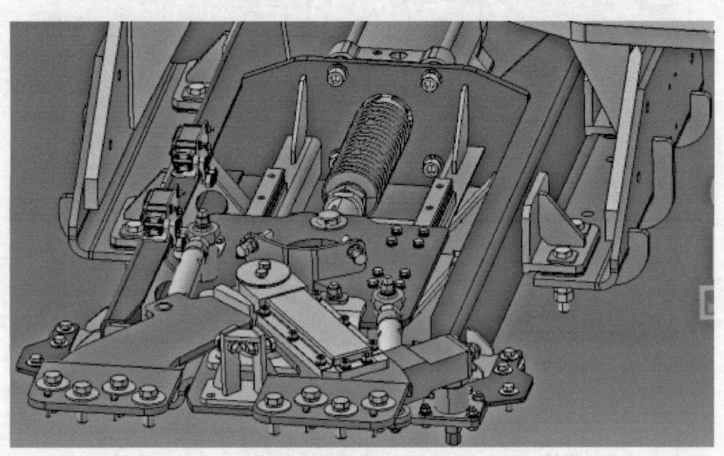

图 9-59　司机室开闭罩

(2)开闭机构安装座安装(图 9-60)

使用螺栓 M16×75、平垫圈 16、特殊螺母 M16 将开闭机构安装座固定在吸能装置安装座上,紧固特殊螺母 M16,扭矩值为 90 N·m,紧固完毕后画防松标记。

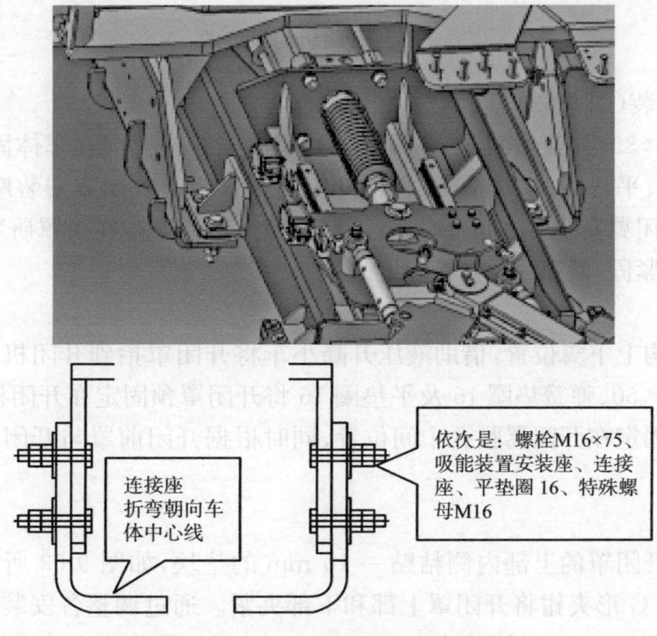

图 9-60　开闭机构安装座安装图

(3)开闭机构研装(图 9-61)

将开闭机构组成落在开闭机构安装座上,使用螺栓 M16×75、平垫圈 16、特殊螺母 M16 将开闭机构预固定在开闭机构安装座上,特殊螺母 M16 暂不打扭力紧固,开闭机构与开闭机构安装座之间可以通过调整垫片进行调整,在头罩研装完成后紧固特殊螺母 M16,凹凸螺母扭力均为 90 N·m,对角紧固,紧固后画防松标记。

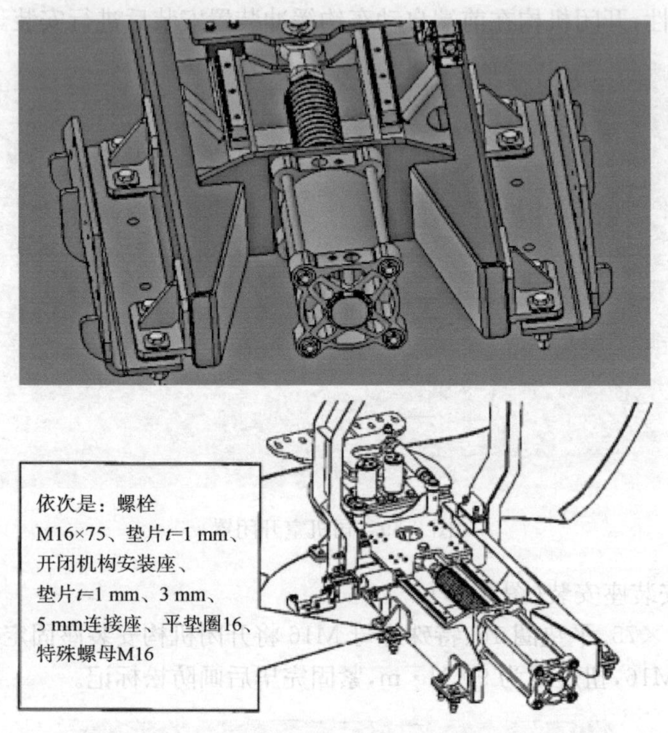

图 9-61　开闭机构研装图

(4)上开闭翼研装(图 9-62)

使用螺栓 M12×35、弹簧垫圈、平垫圈将上开闭翼安装座紧固在车体固定罩上,使用螺栓 M12×50、弹簧垫圈、平垫圈、螺母 M12 将上开闭翼预紧在上开闭翼安装座上,暂不打扭力紧固,上开闭翼与上开闭翼安装座之间可以通过调整垫片进行调整,在头罩研装完成后紧固,扭力均为 47 N·m,对角紧固,紧固后画防松标记。

(5)开闭罩研装

调整好开闭机构上下翼位置,借助液压升降小车将开闭罩抬到开闭机构上下开闭翼的位置上。用螺栓 M16×50、弹簧垫圈 16 及平垫圈 16 将开闭罩预固定在开闭机构上下开闭翼上。注意尽量将固定罩固定在开闭翼腰孔中间位置,同时根据开闭前罩与开闭翼之间的间隙添加适当的调整垫。

(6)调整开闭罩

①在其中一个开闭罩的上部内侧粘贴一 10 mm 的垫块,如图 9-63 所示。在开闭罩内部关闭开闭罩,同时用 G 形夹钳将开闭罩上部和下部夹紧。通过调整各安装螺栓的位置和开闭机构与车体之间的调整垫,同时间隙为(10±2) mm,且开闭罩伸入车体内的宽度一致,头罩中缝为 10^{+4}_{0} mm,头罩开闭顺畅,开闭过程中不得与其他配件相抗。

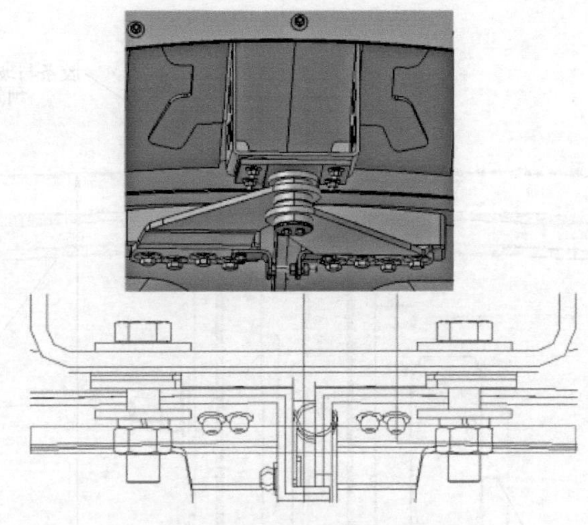

图 9-62 上开闭翼研装图

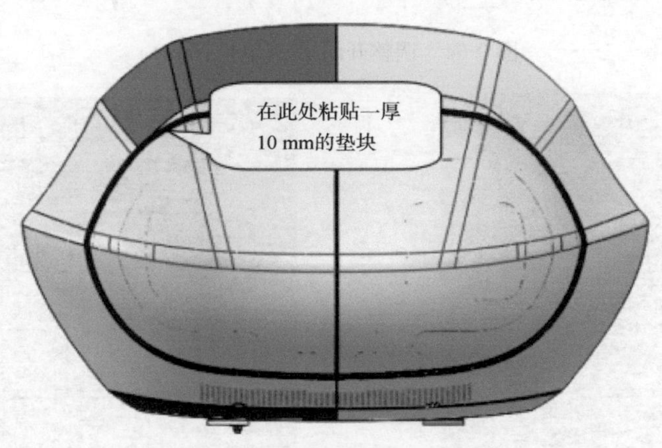

图 9-63 调整开闭罩 1

②紧固开闭罩，检查上下缝隙，之后打开开闭罩，适当增减前后开闭机构的调整垫，调整上下缝隙。如果开闭罩上部缝隙一边缝隙大，则增加那边开闭机构前端调整垫，同时减少另一边开闭机构调整垫；增加调整垫后，检查开闭机构是否和调整垫闪缝，如果闪缝隙，则减少那边后部开闭机构的调整垫，如图 9-64 所示。

③重新关上开闭罩，松开螺栓，使用 G 形钳将左右开闭罩夹紧，调整左右罩前后伸进固定罩尺寸一致和开闭罩左右缝隙符合要求。以保证开闭罩除底面的其他面和 车体闪缝均匀(在距开闭罩前方 6～7 m 处平视开闭罩与车体间隙圆滑过渡、间隙均匀美观)。

④开闭罩安装如图 9-66 所示。开闭罩从油漆厂房返回后，使用螺栓 M16×50、弹簧垫圈及平垫圈将开闭罩固定在开闭机构上下开闭翼上，紧固力矩 90 N·m，画防松标记。使用螺栓 M6×45、弹簧垫圈、平垫圈安装定位螺栓，紧固力矩 8 N·m，画防松标记。

(7)手动解锁连接座连接(图 9-67)

将开闭机构通过螺栓 M10×45、弹簧垫圈、大平垫圈、螺母 M10 紧固在机构安装座上，中间缝隙如图加垫调整。紧固力矩 25 N·m，紧固后画防松标记。

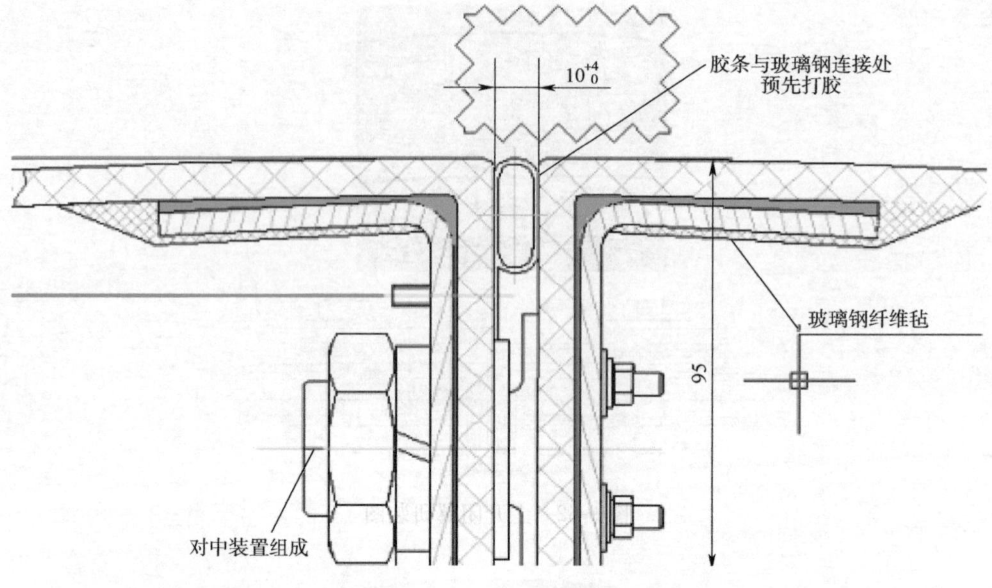

图 9-64　调整开闭罩 2(单位:mm)

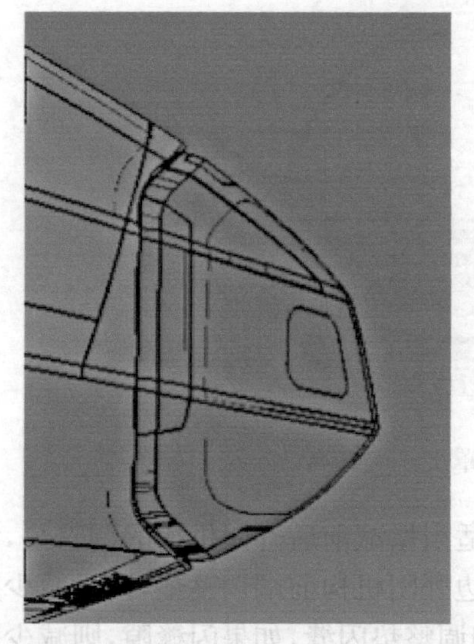

图 9-65　调整开闭罩 3

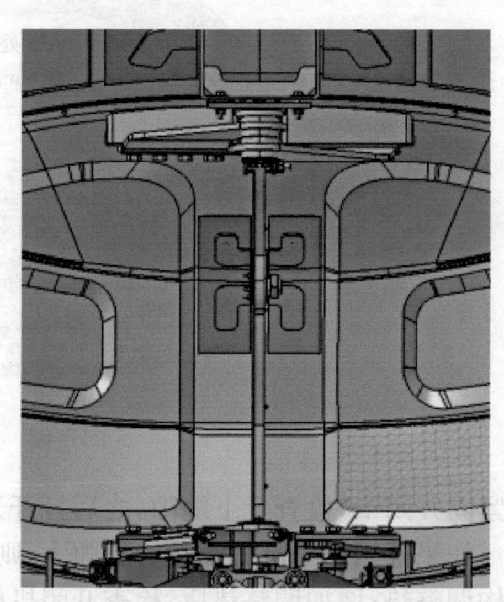

图 9-66　开闭罩安装图

(8)脚掌连接板安装(图 9-68)

待排障安装后,将脚掌安装板通过螺栓 M10×45、弹簧垫圈、大平垫圈、螺母 M10 紧固在脚掌安装座上,将脚掌安装板和解锁装置组成连接座通过螺栓 M10×60、弹簧垫圈、大平垫圈、小平垫圈、螺母 M10 固定在排障器上,中间缝隙如图加垫调整。紧固力矩 25 N·m,紧固后画防松标记。

(9)橡胶圈安装

安装并粘贴手动解锁标识。头罩关闭状态下,密封胶条需与两侧头罩内面紧密贴合,不得闪缝。关闭气缸,手动均匀开闭前罩,用薄垫片对前罩、玻璃钢表面及其他旋转部位进行调整,使这些部位无错位,无异常噪声及异常间隙。

(10)安装完毕

将工具放入工具箱中。整理作业现场,使现场干净、整洁。

图 9-67　手动解锁连接座连接图

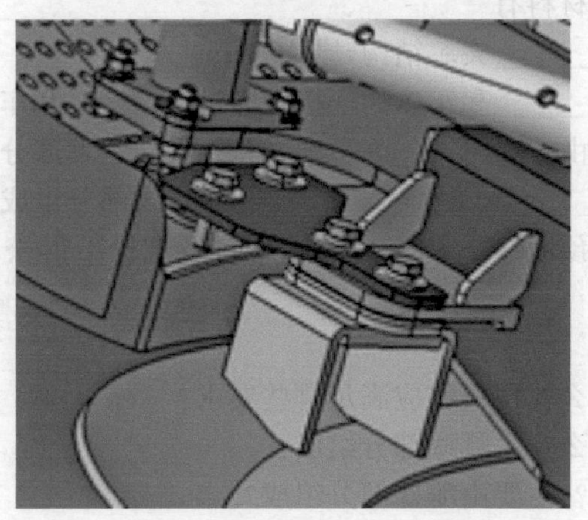

图 9-68　脚掌连接板安装图

任务评价

班级		姓名		学号		日期	
序号	评价要点			配分	得分	总评	
1	熟悉开闭装置的作用和组成			10		A □ (86~100) B □ (76~85) C □ (60~75) D □ (60 以下)	
2	能说出司机室开闭罩的技术要求			10			
3	能正确完成安装前准备工作			20			
4	能正确进行司机室开闭罩安装			30			
5	能遵守纪律、以积极的态度接受任务			10			
6	能积极参与小组讨论,团队间相互合作			10			
7	能及时完成老师布置的任务			10			
总分				100			
小组建议							

巩固与练习

一、识图题

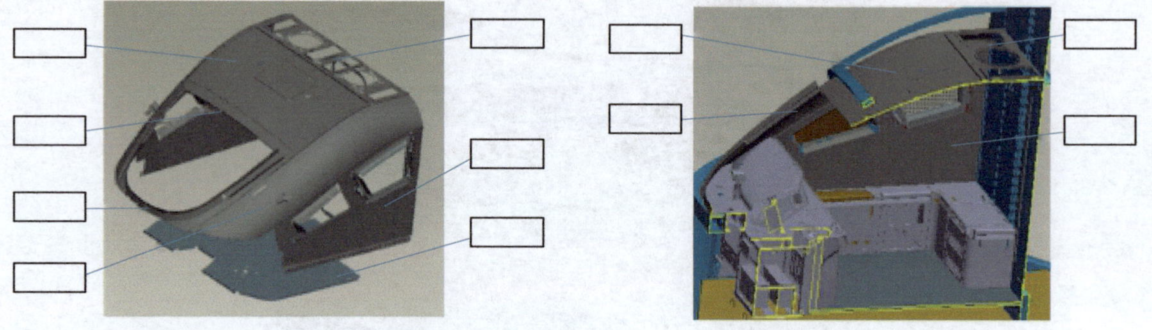

二、填空题

1.________为列车的大脑，是列车司机的工作空间。

2. 司机室内装常用的材料有________、________、________、________及钢骨架等。

3. 司机室头罩采用________夹芯结构，厚 40 mm。

4. 司机室头罩前端________和车体的连接是通过________和车体实现。

5. 司机室遮阳帘主要由________、________、________三大部分组成。

6. 司机室开闭罩由________、________、________三大部分组成。

7.________安装前各预埋件要牢固，安装后螺钉及螺栓不得松动，接缝均匀一致，不均匀不超过 1 mm。

三、简答题

1. 司机室的作用是什么？司机室应满足哪些要求？

2. 雨刮器的作用是什么？由哪些部分组成？

3. 头灯的作用是什么？主要由哪些部分组成？

4. 逃生窗的作用是什么？

5. 前罩开闭机构的作用是什么？

6. 司机室内装的主要材料有哪些？

7. 简述司机室地板特点及其组成。

8. 简述司机室座椅特点及功能。

9. 简述司机室墙板安装技术要求。

参考文献

[1] 吴作伟,丁莉芬.动车组车体结构与车内设备[M].北京:北京交通大学出版社,2012.

[2] 商跃进.动车组车辆构造与设计[M].成都:西南交通大学出版社,2010.

[3] 郭北苑.动车组司机室[M].北京:北京交通大学出版社,2012.

[4] 胡清梅,方卫宁,李伏京.基于工效学的机车前窗雨刮器尺寸参数的设计[J].铁道学报,2006,27(6):34-38.

[5] 李强,金新灿.动车组设计[M].北京:中国铁道出版社,2008.

[6] 丁玉兰,郭钢,赵红洪.人机工程学[M].北京:北京理工大学出版社,2000.

[7] 丁莉芬.动车组工程[M].北京:中国铁道出版社,2007.

[8] 钱立新.世界高速铁路技术[M].北京:中国铁道出版社,2003.

[9] 杨浩,王浩,吴小旺,等.CRH2E型动车组内装拆卸工艺优化[J].科学技术创新,2020(14):13-14.

[10] 毕凯.卧铺动车组隔声降噪优化设计技术[J].城市轨道交通研究,2017(2):68-71.